AF459707

MANUEL
INDUSTRIEL,

CONTENANT

LA MANIPULATION DE LA PATISSERIE, ET QUANTITÉ DE CHOSES UTILES AU SERVICE DES MAISONS BOURGEOISES.

PAR M. DUCHEMIN,

Pâtissier, rue Neuve des Capucines, 15.

PARIS.

1840.

PRIX :

Se vend chez l'auteur.

DIALOGUE INSTRUCTIF,

Pour servir à l'intelligence des personnes qui se mêlent de la direction de l'intérieur d'une maison bourgeoise, sous le rapport d'une économie bien entendue, contenant quantité de choses utiles pour toutes les maisons de pension en général, et un traité sur la pâtisserie ;

Comprenant les *Gelées*, les *Crêmes*, les *Fromages*, ainsi que les *Sirops d'agrément et pour la santé*, et les *Pâtes de Guimauve*, de *Coing* et de *Pomme ;*

Par M. Pierre-Claude DUCHEMIN,
PATISSIER,

*Lettre de madame la comtesse de B** V*** à monsieur Duchemin.

Monsieur,

La personne que je vous envoie est ma cuisinière. J'ai l'intention de lui procurer tous les moyens nécessaires pour la mettre à même de diriger l'intérieur de ma maison. Sous ce rapport, monsieur, je vous prie de lui communiquer vos instructions, tant sur la pâtisserie que sur toutes choses que vous croirez se rapporter à mon intention.

Vos capacités et vos connaissances acquises feront, je l'espère, que la démarche que je fais envers vous ne sera pas infructueuse.

Je désire, pour le service de ma maison, une économie bien entendue et une justice bien observée.

Agréez, monsieur, ma parfaite considération, avec laquelle j'ai l'honneur de vous saluer.

Comtesse de B** V**.

Paris, ce 1er janvier 1839.

SOMMAIRE.

Les premières notions que j'ai reçues de l'art culinaire, je les ai puisées sous deux cuisiniers en réputation ; l'un était M. *Renault*, excellent saucier, l'autre M. *Laguipière*, cuisinier parfait. J'ai eu l'honneur d'être aide de cuisine, sous ces deux célébrités, dans la maison de M. DUTILLIÈRE. Le service de la table était observé, dans cet hôtel, avec une dignité toute particulière : M. DUTILLIÈRE ne pouvait souffrir le médiocre ; tout ce qu'il y avait de beau, en linge, en vermeil, en argenterie, en cristaux, semblait s'être donné rendez-vous dans cette honorable maison. La cave était garnie avec le goût le plus fin ; le bon ordre qui régnait dans cet hôtel était exemplaire : M. et madame DUTILLIÈRE étaient dignes d'une si belle fortune.

A Pontchartrain, M. et madame DUTILLIÈRE étaient salués par tous les habitans avec un profond respect. La lingerie du château était ouverte à tous les malheureux ; les pauvres trouvaient, dans ce saint asyle, leur habillement. Quand M. DUTILLIÈRE se promenait dans son parc, et qu'il y voyait des ouvriers âgés, il ne demandait pas ce qu'ils avaient fait, il s'informait si on avait soin d'eux. Dans ce temps-là, les temples du Christ étaient fermés, les ministres des autels étaient errans ; M. DUTILLIÈRE donna l'hospitalité à un de ces honorables ecclésiastiques, qui tous les jours célébrait l'office divin dans la chapelle du château. Là madame DUTILLIÈRE y conduisait sa jeune demoiselle (aujourd'hui madame la comtesse d'OSMONT). Plusieurs habitants des alentours de Pontchartrain s'y rendaient pour prendre part à la bénédiction. Enfin, malheureusement pour moi, l'âge de conscription vint m'atteindre. Il m'a fallu partir. Quand j'ai entendu la grille du parc se fermer derrière moi, j'ai pleuré comme quand on m'a retiré de nourrice. Je m'attendais bien que ma position allait terriblement être changée, surtout quant à la nourriture. Enfin j'arrive à Nantes, et dans mon régiment. Je l'avoue à la honte de mon front, j'avais le cœur ferme comme une paire de bas de laine dans un manchon.

NOTA.

Tous les articles qui sont portés à la table de cette brochure, je les ai travaillés, soit comme maître-d'hôtel, ou comme cuisinier; mon intérêt s'est toujours porté sur des recherches et sur des instructions économiques.

Quand je dis à ma cuisinière de mettre deux livres de lait ou tout autre liquide, c'est en place de lui dire de mettre quatre verres de lait, parce que, en indiquant un verre pour mesure, il est impossible d'obtenir un bon résultat, attendu que partout les verres ne sont pas de la même grandeur, et qu'en indiquant les poids, partout ils sont les mêmes. Ici, à Paris, les verres qui servent ordinairement dans les maisons, tiennent une demi-livre de liquide.

MANIÈRE DE FAIRE LE FEUILLETAGE.

Monsieur, je viens de la part de madame la comtesse de B** V**, qui vous a parlé pour que j'apprenne à faire la pâtisserie. — Eh bien ! mademoiselle, par où voulez-vous commencer? — Monsieur, je désirerais savoir faire un vol-au-vent. — Mademoiselle, pesez une livre de farine et mettez-la sur le tour à pâte, faites un creux dans cette farine, et formez-en une couronne : on nomme cela faire la fontaine. Mettez dans cette fontaine une demi-once de sel fin, joignez-y une demi-livre d'eau, ensuite lavez-vous les mains. Je ne doute pas que vous ne les ayez propres, mais c'est la règle. Ensuite mêlez, en tournant avec votre main, la farine et l'eau ; faites qu'il n'y ait aucun grumelot, et que votre pâte soit très-lisse ; formez une boule de cette pâte, aplatissez-la avec la paume de votre main, et rendez-la de l'épaisseur de votre doigt. Ensuite pesez une livre de beurre de ferme, maniez-le pour l'amollir et faire sortir le petit-lait qui est dedans, ensuite mettez ce beurre sur votre pâte, et frappez avec votre main dessus pour l'élargir comme l'est votre pâte ; ployez votre pâte jusqu'au milieu, ployez l'autre bout de même, en frappant avec votre main, tournez votre pâte sur elle-même, et ployez-la de même jusqu'à la moitié de votre pâte, ployez l'autre moitié de même, et faites que votre pâte couvre entièrement le beurre.

Maintenant, mademoiselle, prenez le rouleau, abaissez votre pâte avec en faisant rouler le rouleau dessus, faites que le rouleau roule sur votre pâte depuis la paume de vos mains jusqu'au bout de vos doigts, en faisant aller et venir le rouleau sur votre pâte, et en l'appuyant ; faites que votre pâte soit de l'épaisseur de votre pouce, ensuite ployez la moitié de votre pâte sur elle-même, donnez un tour de rouleau ou deux, ployez l'autre moitié de même, de manière que cela vous présente trois parties l'une sur l'autre, roulez deux ou trois fois le rouleau dessus, ensuite tournez votre pâte, et avec le rouleau répétez ce que vous venez de faire pour obtenir les trois épaisseurs l'une sur l'autre.

De ce que vous avez ployé deux fois votre pâte l'une sur l'autre, fait que vous avez donné ce qu'on appelle deux tours à votre feuilletage ; marquez ces deux tours avec le bout du rouleau, et dans cinq minutes vous donnerez encore deux tours, et vous marquerez sur votre feuilletage, avec le bout du rouleau, les quatre tours ; dans cinq minutes vous donnerez encore deux tours, ce qui fera que votre feuilletage aura reçu six tours, qu'il faut qu'il ait pour être dans sa perfection. Farinez en tourant ce feuilletage très-légèrement.

MANIÈRE DE COUPER UN VOL-AU-VENT.

Mademoiselle, le feuilletage que vous venez de faire, abaissez-le avec le rouleau, carrément, et de l'épaisseur de votre pouce. Voici une tourtière qui a sept pouces de largeur, posez-la sur le milieu de votre feuilletage, et avec un couteau, coupez droit et à l'entour de la tourtière, votre feuilletage ; mettez de côté la rognure du feuilletage et enlevez la tourtière. Levez votre vol-au-vent, et mettez-le sur un plat font tout en le retournant. Maintenant, mademoiselle, avec la pointe d'un couteau, marquez le couvercle de votre vol-au-vent, à un pouce près du bord ; faites que la pointe du couteau entre dans la pâte à deux lignes de profondeur. Maintenant, mademoiselle, dorez votre vol-au-vent, à l'aide d'un petit pinceau en plumes de la queue d'une poule, et trempé dans deux œufs battus : ne mettez pas d'œuf sur l'épaisseur de votre vol-au-vent. Après cela, avec la pointe du couteau, rayez le couvercle du vol-au-vent, et mettez-le au four modérément chaud. Au bout de trois quarts d'heure retirez-le du four, levez le couvercle, appuyez la mie, avec une cuillère, autour des parois en dedans. Vous devez trouver votre vol-au-vent comme vous le désirez.

—

MANIÈRE DE FAIRE LA PATE A FONCER.

Pesez une livre de farine et mettez-la sur le tour à pâte ; faites la fontaine, et mettez dedans une demi-once de sel fin, un quarteron d'eau et une demi-livre de beurre que vous aurez manié ; détrempez votre farine avec l'eau et le beurre, faites que votre pâte soit bien lisse et sans grumelots ; froissez votre pâte trois fois. On appelle froisser, c'est de traîner la paume de vos mains sur la pâte, et de la rassembler après. Ce travail-là rend votre pâte élastique.

Cette pâte vous servira pour foncer tous les moules en général dont vous aurez besoin.

MANIÈRE DE FAIRE UN FLAN DE POMMES.

Abaissez une livre de pâte à foncer avec le rouleau, et de l'épaisseur d'une pièce de cinq francs, ensuite beurrez une tourtière qui ait un rebord, et foncez-la avec votre abaisse. Avec votre couteau, coupez la pâte qui dépasse le bord, ensuite emplissez votre flan avec de la marmelade de pommes que vous aurez assaisonnée de sucre. Après cela, coupez des petites bandes de cette même pâte, et que ces petites bandes ne soient pas plus larges que des allumettes ; posez ces petites bandes sur votre flan, en travers, et soudez-les sur le bord du flan. Il faut que ces bandes soient près les unes des autres, sans cependant se toucher. Lorsque vous aurez garni votre flan ainsi, vous recommencerez à le bander, mais en posant ces bandes-ci en travers des autres.

Dorez votre flan et mettez le cuire dans un four bien chauffé ; glacez-le avec du sirop, faites que votre flan soit d'une couleur rouge, et servez-le.

—

MANIÈRE DE FAIRE LA PATE A DRESSER.

Mettez sur le tour à pâte deux livres de farine ; faites la fontaine ; mettez dedans un once de sel fin, ajoutez-y une livre de beurre et six onces d'eau, détrempez votre pâte et sans grumelots ; froissez-la trois tours. Cette pâte doit être plus ferme que la pâte à foncer. Rassemblez votre pâte et mettez-la dans un torchon humide, et qu'elle se repose une couple d'heures. Après cela farinez légèrement le tour à pâte, prenez les trois quarts de cette pâte, formez-en une boule, et abaissez-la avec le rouleau de l'épaisseur de votre main pour dresser une croûte à pâté. Marquez avec votre poing le fond de votre pâté ; faites que ce fond ait huit pouces de large. Après cela relevez le bord de votre pâté, et rétrécissez votre bord en forme de bourse, sans qu'il y ait de plis ; montez votre bord de la hauteur de huit pouces, marquez le pied de votre pâté en dehors avec le bout de vos doigts, faites que votre pâté soit évasé et ait la forme d'une corbeille.

—

MANIÈRE DE GARNIR UN PATÉ EN VEAU ET JAMBON.

Mettez dans le fond de votre croûte à pâté ci-dessus un lit de farce de l'épaisseur de votre main, ensuite une petite noix de veau que vous aurez piquée de gros lardons assaisonnés d'épices ; couvrez votre noix de veau avec des lames de jambon ; couvrez cela avec un lit de farce de l'épaisseur de votre main, et masquez le tout avec des lames de lard. Couvrez votre pâté avec un couvercle de votre même pâte ; pincez le tour de votre pâté avec une pince faite pour cet usage ; recouvrez votre pâté avec un autre couvercle en pâte feuilletée, faites une rayure dessus après l'avoir doré. Mettez-le cuire dans un four chaud pendant quatre heures, laissez-le refroidir, et servez-le.

—

MANIÈRE DE FAIRE LA CHAIR A PATÉS.

Mettez sur le hachoir une livre de ruelle de veau et une livre de porc frais, ainsi qu'une livre de lard ; coupez ces trois sortes de choses en dés, ensuite, avec les couteaux à hacher, hachez-les bien fin ; lorsqu'ils le seront, assaisonnez-les avec une once de sel épicé, incorporez-le bien dans votre chair, et servez-vous-en pour tous les pâtés froids.

—

MANIÈRE DE FAIRE LE SEL ÉPICÉ.

Mettez dans un petit mortier un gros de laurier séché, un gros de thym, un gros de clous de girofle, un gros de muscade et un gros de poivre blanc ; lorsque toutes ces choses seront bien pilées et en poudre, vous les incorporerez dans trois livres de sel blanc, vous mettrez ce sel épicé dans une boîte de bois, et vous vous en servirez au besoin.

MANIÈRE DE FAIRE LE GODIVEAU.

Monsieur, je désirerais savoir faire le godiveau. — Eh bien! mademoiselle, pesez une livre de graisse de rognon de bœuf, ôtez-en les peaux, ensuite pesez une demi-livre de veau dont vous aurez aussi ôté les nerfs et les peaux; hachez parfaitement le veau, joignez-y la graisse, hachez ces deux parties, de manière qu'elles ne fassent qu'un seul corps; joignez-y une demi-once de sel épicé, ensuite deux œufs l'un après l'autre; relevez ce godiveau dans une terrine, et mettez-le au frais se reposer quelques momens.

Après cela, mettez-le dans le mortier, pilez-le quelques minutes, ajoutez y par intervalles un quarteron d'eau, ensuite farinez une table, et mettez ce godiveau par petites parties, de la grosseur de votre pouce.

Roulez ces quénelles sur la farine, et mettez-les dans une casserole d'eau bouillante, et au premier bouillon qu'elles auront fait, égouttez-les avec une écumoire et mettez-les sur un plat pour vous en servir.

Quand vous ferez du *godiveau*, servez-vous de graisse qui ait passé huit jours dans votre garde-manger.

—

MANIÈRE DE FAIRE UNE SAUCE ESPAGNOLE.

Mettez dans le fond d'une grande casserole des débris de veau, et un quarteron de beurre, mettez la casserole sur le feu, passez bien ce veau dans le beurre en vous servant d'une cuillère de bois; lorsque ce veau est bien coloré, ajoutez-y une demi-livre de farine que vous mêlerez avec ce veau, ensuite mouillez-le avec quatre litres de bouillon, et tournez-le jusqu'à ce que votre sauce bouille; ensuite ajoutez-y un quarteron de jambon cru, deux gros ognons, deux grosses carottes coupées, une feuille de laurier, un peu de thym, un peu de persil, deux clous de girofle, un peu de sel.

Laissez cuire cette sauce pendant quatre heures, après cela, à l'aide d'une autre personne, et après l'avoir dégraissée, vous la passerez au travers d'une étamine au dessus d'une terrine, vous mettrez une cuillère à ragoût dedans, et de temps à autre, vous la mêlerez et la vanerez, jusqu'à ce qu'elle soit froide. Cette sauce doit être épaisse comme une bouillie légère; elle vous servira pour faire tous les ragoûts au brun.

MANIÈRE DE FAIRE UN PLUM-POUDDING.

Monsieur, ma maîtresse a une dame anglaise à dîner avec elle, et elle désire que je fasse à cette occasion un plum-pouding. — Eh bien! mademoiselle, pesez une demi-livre de graisse de rognon de bœuf, après en avoir ôté les peaux, et mettez-la par petits morceaux; pesez-une demi-livre de raisin de Corinthe, que vous aurez lavé et épluché; pesez une demi-livre de raisin en caisse, dont vous aurez ôté les pepins; pesez une demi-livre de mie de pain bien fine; pesez une demi livre de sucre en poudre; mettez tout cela dans une terrine; ensuite ajoutez-y une once de cédrat, mettez-y une demi-muscade râpée, quatre jaunes d'œuf, un grain de sel et un petit verre d'eau-de-vie; mêlez tout cela ensemble à l'aide d'une cuillère de bois: étant bien mêlé, vous mettez tout cela dans un torchon et en formez une bourse que vous serrez avec une ficelle; mettez cette bourse dans une marmite d'eau bouillante, et laissez cuire cela pendant quatre heures en faisant bouillir l'eau toujours, après cela défaites la bourse et mettez votre plum-poudding sur un plat, ensuite mettez dans une petite casserole deux onces de farine et une demi-livre d'eau, mettez cela sur le feu, et lorsque ce sera prêt à bouillir, mettez avec deux onces de sucre, deux onces de beurre, un grain de sel, un quarteron de rum; mettez cette sauce dans une saucière, et servez-la à côté du plum-poudding. Je faisais chez madame la comtesse de Souza, beaucoup de mets anglais. Madame de Souza avait beaucoup d'esprit et malgré son grand âge, la haute diplomatie anglaise se plaisait beaucoup à sa société ; madame la comtesse de Souza était très-bonne, mais des raisons particulières m'ont forcé de quitter son service.

—

MANIÈRE DE FAIRE CUIRE LES ÉCREVISSES.

Monsieur, ma maîtresse a reçu de sa campagne un panier plein d'écrevisses, comment les fait-on cuire ? — Mademoiselle, au bout de la queue et en dessus, et avec le bout d'un petit couteau, vous tirez une petite phalange où est attaché un petit nerf, et vous le retirez ; ce petit nerf procure de l'amertume à l'écrevisse lorsqu'on l'y laisse ; ensuite vous laverez les écrevisses à plusieurs eaux, vous les égoutterez et les mettrez dans une casserole. Vous mettrez avec une poignée de sel, un peu de persil, un ognon coupé, une carotte aussi ; une feuille de laurier, un peu de thym, deux clous de girofle et une cuillerée de vinaigre. Mettez la casserole sur un feu ardent et couvrez-la. Sautez de temps en temps les écrevisses, et lorsquelles seront toutes rouges, vous mettrez de côté la casserole, et sauterez les écrevisses jusqu'à ce qu'elles soient froides. Après cela, vous les égoutterez et les dresserez sur une serviette qui sera sur un plat. Les écrevisses sont toniques et excitent l'appétit. Il faut bien faire attention, mademoiselle, que les cochons ne se baignent pas dans la rivière d'où viennent vos écrevisses ; l'odeur de cet animal est pernicieuse pour les écrevisses : si un cochon entrait dans un endroit où il y aurait un panier d'écrevisses vivantes, elles mourraient de suite.

Étant au service de M. le baron de MAUVIÈRE, on m'en apportait très-souvent qui venaient d'une petite rivière qui coulait tout près du château. M. le baron de MAUVIÈRE était rempli de bonnes qualités. A sa campagne, j'étais chargé par lui de donner l'aumône aux malheureux. Mais un jour, en 1816, il vint au château trois cents mendians qui sortaient de la Beauce. J'ai cru ne pas devoir disposer d'une telle somme pour contenter tant de personnes. J'allai trouver M. le baron, et l'informai de ce troupeau errant. Enfin M. le baron laisse à ma sagesse le soin de me débarrasser de cette cohorte affamée.

Je les fis mettre sur deux rangs et leur dis à haute voix : « Mes amis, le Seigneur a répandu sur le maître de ce « château les bienfaits de la charité ; il entretient à ses « frais une quantité de malheureux ouvriers sans avoir « besoin de leur ouvrage ; il réchauffe le cœur de tous les « malheureux de cette commune, et par ses soins leur « corps est à l'abri des injures du temps. J'espère que vous « ne le mettrez pas dans la nécessité où s'est trouvé notre « seigneur Jésus-Christ lorsqu'il n'a plus eu que son sang « à offrir à ses disciples. »

Après cette harangue, je me suis placé à l'encoignure d'une porte du château, et j'ai commandé le défilé. Je vous assure, mademoiselle, qu'il s'est opéré avec beaucoup d'ensemble : je ne vous parlerai pas de la tenue, car à les voir tous, on aurait dit être le défilé de la Courtille.

M. le baron de MAUVIÈRE a laissé en mourant des regrets bien sentis parmi les malheureux du premier arrondissement de Paris.

MANIÈRE DE FAIRE DES PETITS PATÉS D'HORS-D'ŒUVRE.

Monsieur, ma maîtresse désire que je lui serve aujourd'hui des petits pâtés d'hors-d'œuvre. — Eh bien ! mademoiselle, faites du feuilletage, moitié de ce que vous avez fait pour votre vol-au-vent ; lorsqu'il sera établi, abaissez-le de l'épaisseur d'une pièce de cinq francs, et coupez avec un coupe-pâte en fer-blanc large de deux pouces, trente-six abaisses, qui formeront dix-huit petits pâtés ; mouillez avec un doroir, légèrement, une tourtière ; placez dessus dix-huit abaisses ; mouillez le tour de ces abaisses, et mettez dans le milieu gros comme le bout de votre petit doigt de godiveau (*Voy.* cet article). Recouvrez avec les autres dix-huit abaisses vos petits pâtés, appuyez-les avec le dos d'un coupe-pâte plus petit que celui qui vous a servi à les couper. Dorez vos petits pâtés et mettez-les au four chauffé un peu gai. Vos petits pâtés, lorsqu'ils seront cuits, doivent avoir une couleur mâle. Servez-les chauds sur une serviette.

MANIÈRE DE DOMPTER UN CHEVAL TROP VIF.

O mon Dieu ! monsieur, le neveu de ma maitresse est bien contrarié. — Qu'a-t-il donc, mademoiselle ? — Il faut que vous sachiez, monsieur, qu'il a un cheval, l'un des plus beaux qu'il soit possible de voir ; il est d'une force et d'une vivacité qu'il est dans le cas de sauter sur une maison. Il craint qu'il ne lui arrive quelque malheur, et il veut s'en défaire. — Eh bien, mademoiselle, dites au neveu de votre maîtresse qu'il garde son cheval ; je vais vous donner un moyen qui fera que ce cheval suivra le premier convoi qui ira au Père-Lachaise, avec une tranquillité étonnante. Voilà ce qu'il faut que votre jeune monsieur fasse : Il fera percer d'outre en outre une balle de munition, il passera dans le trou de la balle une petite courroie en cuir, il fera descendre dans le cornet de l'oreille du cheval cette balle, à un pouce et demie de profondeur, et attachera la courroie de la balle à la têtière de la bride du cheval. De cette manière, le cheval ne souffre nullement ; il est occupé par cette balle, et se laisse diriger avec un abandon tout particulier. Un cheval qui est difficile à ferrer ou à faire les crins, on se sert de cette manière, et le cheval n'est pas tourmenté par aucune torture.

Voici ce qui m'est arrivé, mademoiselle, car il faut que vous sachiez que je n'ai pas toujours été établi maître pâtissier. Un jour, j'ai été chargé de partir en courrier, et à franc-étrier ; j'étais porteur d'une dépêche pour le prince

Eugêne, à Milan. Cette dépêche sortait de la Malmaison, et ma mission était importante. Enfin j'arrive à une poste située au Mont-Jura. Je vois qu'on selle un cheval qui me paraissait être fatigué, et le ventre rebombé comme une poire tapée ; je m'informe pour qui est ce cheval ; on me répond, Monsieur c'est pour vous. — Comment, pour moi? mais je n'en veux pas, de ce cheval-là. — Monsieur, nous n'en avons pas d'autre pour le moment, les autres sont tous en route. — Mais en voilà un là-bas qui me paraît être bien reposé. — Oui, monsieur, c'est un très-bon cheval, mais nous ne le mettons jamais sur la route d'Italie. — Et pourquoi cela? — Parce que, monsieur, il a été acheté dans une ferme qui est sur la route que vous suivez, et tous les courriers qui l'ont monté sur cette route, il les a tous emmenés à sa ferme. — Oh ! si ce n'est que ça, sellez-le ; je m'en charge. — Monsieur, je ne veux pas vous désobliger, mais je vous préviens du désagrément qui vous arrivera.

Enfin me voilà à cheval, et avant d'arriver à la distance qui m'était désignée, je mis pied à terre, j'arrangeai ma balle et me remis en route. Le cheval tourne un peu sa tête, et nous filons notre chemin comme deux sœurs, et le cheval n'a pas plus pensé à sa ferme qu'à Nicolas Tampon. Enfin nous voilà arrivés à l'autre poste : on me regarde, moi et le cheval, comme une curiosité, et on me dit qu'on était étonné de voir ce cheval-là. Je fis remarquer que le cheval n'avait reçu ni coups de fouet ni coup d'éperons.

—

MANIÈRE DE FAIRE UNE GROSSE BRIOCHE.

Monsieur, ma maîtresse a demain une soirée, je voudrais faire une grosse brioche. — Eh bien, mademoiselle, il est huit heures ; mettez sur le tour un quarteron de farine, faites la fontaine, mettez dedans une demi-once de levure, et détrempez cela avec deux onces d'eau tiède, et sans grumeaux. Faites-en une boule, et avec votre couteau mar_ quez sur cette boule une croix. Mettez votre levain dans une casserole d'eau tiède, laissez-le revenir et qu'il ait deux fois le volume de sa grosseur primitive, ensuite pesez trois quarterons de farine, mettez-les sur le tour et faites la fontaine. Mettez dans cette fontaine une demi-once de sel, une demi-once de sucre ; mettez une cuillerée d'eau pour faire fondre le sel et le sucre ; joignez-y sept œufs. Pesez quatorze onces de beurre, maniez-le pour l'amollir ; détrempez votre farine avec tout cela, et sans grumeaux. Ensuite joignez-y votre levain, et incorporez-le avec votre pâte ; mettez votre brioche dans une terrine, et couvrez-la avec une tourtière: Demain matin vous mettrez votre pâte sur le tour, vous en ôterez une demi-livre pour former la tête de votre brioche ; vous ferez une grosse boule que vous mettrez sur une tourtine, et vous ferez une autre boule que vous mettrez sur votre brioche, qui formera la tête. Vous la mettrez au four, pas trop chaud, et au bout d'une heure et demie votre brioche sera cuite et devra être belle.

MANIÈRE DE FAIRE LE CAFÉ,
(autre que la manière ordinaire.)

O mon Dieu ! monsieur, je suis bien contrariée ; ma maîtresse se plaint que son café n'est pas bon, qu'elle en met beaucoup dans sa crème, et qu'elle ne sent rien qu'un goût amer. — Comment faites-vous donc votre café, mademoiselle? — Eh mon Dieu ! monsieur, je le fais comme tout le monde le fait ; je le mets dans la cafetière et verse l'eau bouillante dessus. — Eh bien, mademoiselle, vous faites ce qu'il faut pour que votre café ne vaille rien. Il faut que vous fassiez votre café la veille ; mettez la même dose de café que vous avez l'habitude de mettre dans votre cafetière, et l'eau que vous versez dessus, mettez-la froide. Le lendemain matin servez votre café chaud, et versez l'eau froide sur le marc, et cette eau vous servira pour verser sur votre café le soir. Vous voyez qu'il faut s'y prendre un jour d'avance, parce que c'est très-long à passer. Mais aussi vous aurez de bon café. Le premier jour ne vous donnera pas le résultat que vous attendez; mais le second, ainsi que tous les autres, votre maîtresse vous en fera des compliments.

Vous aurez pour cela une cafetière en faïence ou en porcelaine, parce que, comme le café y séjourne long-temps, il noircirait dans le fer-blanc. Une fois que vous serez habituée de faire ce travail-là, vous n'y penserez pas.

Comme vous le faites ordinairement, l'odorat s'en va avec la vapeur de l'eau bouillante, et il ne reste au café qu'un goût d'amertume.

MANIÈRE DE FAIRE UN PATÉ CHAUD,
garni d'un ragoût mêlé.

Monsieur, ma maîtresse a quelqu'un à dîner aujourd'hui, elle voudrait que je lui fasse un pâté chaud garni d'un ragoût mêlé. — Eh bien, mademoiselle, établissez les trois-quarts de pâte à dresser, comme vous avez fait pour votre pâté de veau, et dressez une croûte à pâté moins grande que celle de votre pâté froid; lorsqu'il sera dressé, garnissez-le en dedans de papier beurré, et emplissez-le de mie de pain passée dans une passoire. Couvrez-le d'un couvercle de pâte à dresser, et mettez sur ce couvercle, après l'avoir mouillé, un autre couvercle en pâte feuilletée, pincez votre pâte et dorez-le ; faites une rayure sur le couvercle, et mettez-le cuire à four chaud. Quand il sera coloré, retirez-le pour le vider, et remettez-le au four pour qu'il sèche.

Maintenant, mademoiselle, vous allez établir le ragoût. Mettez dans une casserolle de la sauce espagnole ce que vous jugerez à propos ; mettez cette sauce sur le feu et faites-la bouillir en la vanant avec une cuillère à ragoût ; joignez-y une jointée de champignons lavés et épluchés, mettez dans cette sauce un demi-verre de vin blanc et des morceaux de riz de veau que vous aurez fait cuire dans du consommé, ainsi que des crêtes et des rognons de volailles que vous aurez fait cuire aussi dans le consommé; mettez avec cela une trentaine de quenelles de godiveau. Faites faire un bouillon ou deux à ce ragoût, dégraissez-le et goûtez-le. Votre croûte de pâté étant prête, emplissez-le de ce ragoût, et mettez huit écrevisses dessus; couvrez-le de son couvercle et servez-le le plus chaud que vous pourrez.

Ce ragoût va très-bien dans une croûte de vol-au-vent.

—

MANIÈRE DE FAIRE CUIRE DES ŒUFS A LA COQUE.
(*Extraordinaire*).

O mon Dieu, monsieur, ma maîtresse est de très-mauvaise humeur. — Qu'est-il donc arrivé, mademoiselle? — Elle me dit que chaque fois que je fais cuire des œufs à la coque, il n'y a jamais de petit-lait, qu'elle devrait trouver en les ouvrant. — Comment les faites-vous donc cuire, mademoiselle? — Eh mon Dieu, je les fais cuire comme tout le monde le fait, je les mets dans l'eau bouillante trois minutes. — Cela ne suffit pas, mademoiselle, il faut que vous ayez l'attention de les remuer avec une cuillère de bois le temps de leur cuisson. Cette agitation que vous leur communiquez forme le petit-lait d'une manière extraordinaire.

—

MANIÈRE DE FAIRE DES PETITS CHOUX GRILLÉS.

Monsieur, je voudrais servir aujourd'hui à ma maîtresse des petits choux grillés. — Eh bien, mademoiselle, mettez dans cette petite casserole deux onces d'eau, mettez avec deux onces de beurre, un grain de sel, un peu de cédrat haché et un peu de sucre; mettez cela sur le feu et faites-le presque bouillir. Retirez la casserole du feu, et joignez-y deux onces de farine, mêlez bien cela, et sans grumelots; mettez la casserole sur le feu pendant trois minutes, en remuant la pâte avec la cuillère de bois, et ensuite retirez-la du feu. Mettez dans cette pâte deux œufs l'un après l'autre, et délayez-la bien. Ensuite, sur un plat-fond, couchez-y vos choux de la grosseur d'une noix. Cette quantité de pâte doit vous procurer dix choux. Ensuite dorez-les légèrement et mettez dessus des amandes hachées, et sur ces amandes un peu de sucre en poudre. Mettez-les dans un four chauffé un peu gai. Il faut que ces choux soient d'une couleur blonde.

MANIÈRE DE TEINDRE
l'oreille blanche d'un cheval en bai-brun.

Monsieur, le neveu de ma maîtresse est bien contrarié. — Qu'a-t-il donc, mademoiselle. — Figurez-vous, monsieur, qu'il a reçu pour cadeau d'étrenne le cheval le plus beau ; il a une robe bai-brun superbe, quatre balsanes qu'un peintre ne poserait pas mieux, une encolure remplie de noblesse, à tout crin, et une croupe la mieux filée du monde. — Eh bien! mademoiselle, je ne vois pas que ce monsieur ait raison d'être tant fâché. — Monsieur, ce cheval à une oreille blanche comme un cygne, et chaque fois qu'il le monte, cette oreille le fait observer de tout le monde. — Eh bien! mademoiselle il y a un moyen pour remédier à cela, et en conservant l'oreille du cheval. Comment se nomme le palfrenier qui a soin du cheval? — Monsieur, il se nomme Antoine. — Eh bien! mademoiselle, vous direz à Antoine qu'il mette dans une terrine une jointée de chaux vive et en pierres, vous lui direz qu'il verse sur cette chaux une chopine d'eau, et qu'il la laisse éteindre ainsi pendant une heure ; après cela, mademoiselle, il mettra dans l'oreille du cheval un petit tampon de filasse pour qu'il n'entre pas d'ordure dans cette oreille, et avec cette chaux il fera une espèce de bouillie un peu épaisse, et il en couvrira la partie blanche de l'oreille ; il mettra un serre-tête sur la tête du cheval, et fera que cet enduit ne se dérange pas. Au bout de sept heures il ôtera le serre-tête ainsi que le tampon qui est dans l'oreille, et avec une éponge il lavera toute cette partie-là, et l'oreille sera d'un bai-brun un peu foncé. Il sera obligé de faire cette opération trois fois par an.

—

MANIÈRE DE FAIRE UN BISCUIT DE SAVOIE.

Monsieur, je désirerais servir aujourd'hui un biscuit de Savoie à ma maîtresse. — Eh bien, mademoiselle, voici huit œufs; mettez les blancs dans ce bassin et les jaunes dans cette terrine. Ensuite pesez une demi-livre de sucre fin, mettez-le avec les jaunes, et avec une spatule remuez bien les jaunes et le sucre pendant vingt minutes; ensuite hachez moitié d'un bâton de vanille avec un peu de sucre, et quand cette vanille sera bien pulvérisée, vous la mettrez avec les jaunes.

Maintenant, mademoiselle, vous allez beurrer et glacer le moule. Mettez dans une petite casserole un quarteron de beurre, faites-le fondre et écumez-le. Votre moule étant bien propre, versez-y ce beurre, et faites que le moule en soit bien imprégné. Renversez le moule et laissez-le égoutter un moment; après retournez le moule et mettez dedans une demi-livre de sucre fin; agitez le moule en le tapant avec vos deux mains, afin que le moule s'imprègne de sucre légèrement; faites tomber le sucre qui est dans le moule, et mettez le moule de côté. Maintenant, mademoiselle, battez les blancs avec ce fouet de brins de buis, lorsqu'ils seront bien fermes, mêlez les légèrement avec les jaunes, et faites-vous verser par une autre personne six onces de fécule de pomme de terre. Lorsque ce sera bien mêlé, vous verserez cette pâte à biscuit dans le moule, tapez le moule sur votre genou afin qu'il n'y ait pas de cavité dans le biscuit, mettez ce moule dans un four chauffé un peu gai, et laissé-le cuire deux heures. Après cela vous renverserez le moule après avoir décerné le biscuit; ôtez le moule, et votre bisquit doit être bien cuit et d'une couleur blonde.

J'ai servi un pareil biscuit à madame la comtesse BEUGNOT, à Bonnœil, le jour de sa fête (sainte Marguerite); madame la comtesse l'a trouvé excellent. Elle a ajoutée que son mari avait tenu deux ministères, et qu'elle ne se rappelait pas en avoir mangé un aussi bon. M. le prince de Talleyrand, qui était venu à Bonœil ce jour-là, en a donné son approbation. M. et madame la comtesse BEUGNOT étaient très-bons. La main de madame la comtesse cherchait toujours à étreindre celle d'un malheureux.

—

MANIÈRE DE FAIRE UN FLAN DE CERISES.

Monsieur, nous voilà dans le temps où les cerises sont mûres; je désirerais servir aujourd'hui à ma maîtresse un flan de cerises.— Eh bien, mademoiselle, faites une livre de pâte à foncer, comme vous l'avez faite pour votre flan de pommes, foncez une pareille tourtière, et emplissez-la de cerises, dont vous aurez ôté les queues et les noyaux ; mettez par-dessus ces cerises une demi-livre de sucre, mettez ce flan cuire dans un four chaud, et quand la croûte sera colorée, servez-le chaud ou froid.

MANIÈRE DE FAIRE DES PETITS PATÉS AU JUS.

Monsieur, je désirerais faire des petits pâtés au jus pour les servir aujourd'hui. Eh bien ! mademoiselle, faites de la pâte à foncer comme vous en avez fait pour votre flan de cerises, et abaissez-la de l'épaisseur d'une pièce de cinq fr.; prenez un coupe-pâte uni de la largeur de trois pouces, coupez avec douze abaisses, beurrez douze moules à dariolles et foncez-les avec vos abaisses ; pour cela, mettez une abaisse sur le bout d'un rouleau qui sera fariné, introduisez-le dans le moule avec l'abaisse, et avec vos doigts faites que l'abaisse se joigne au fond du moule, et arrive jusqu'au bord. Si l'abaisse dépasse le bord, avec un couteau coupez-la à raze. Quand ils seront tous enfoncés ainsi, vous beurrerez du papier, et vous garnirez vos croustades avec. Après cela, vous emplirez les croustades avec de la mie de pain, et après les avoir mises sur une tourtière, vous les mettrez cuire dans un four chaud. Quand les croustades seront cuites, vous les viderez en ôtant la mie de pain et le papier; après, vous les remettrez au four pour qu'elles sèchent. Ces croustades doivent avoir une couleur blonde en dehors. Maintenant il faut faire les couvercles : Faites une livre de feuilletage comme vous avez fait pour votre vol-au-vent, et lorsqu'il sera touré à six tours, vous l'abaisserez de l'épaisseur d'une pièce de cinq francs. Vous aurez un coupe-pâte uni, large de deux pouces, et vous couperez avec douze abaisses ; après cela, vous prendrez un autre coupe-pâte uni, large d'un pouce et demi, et vous couperez avec douze abaisses ; vous prendrez un autre coupe-pâte uni, et vous couperez avec douze autres abaisses. Il faut que ce dernier coupe-pâte n'ait qu'un pouce de largeur. Ensuite vous poserez sur un plat-fond les douze abaisses les plus grandes, vous les mouillerez et vous poserez sur celles-là les douze abaisses de moyenne grandeur, vous les mouillerez aussi, et vous poserez dessus les douze autres abaisses les plus petites, de manière que cela vous donne trois abaisses l'une sur l'autre. Dorez-les et mettez-les cuire dans un four chaud. Il faut que les couvercles de vos croustades soient d'une couleur entre le jaune et le brun. Maintenant il faut faire le ragoût : mettez dans une casserole douze cuillerées à ragoût de sauce italienne, ajoutez-y douze champignons hachés en dés, et trente-six quenelles coupées aussi en dés, râpez-y un peu de muscade, mettez cela sur le feu, et après deux ou trois bouillons goûtez ce ragoût et emplissez vos croustades. Mettez les couvercles dessus et servez-les bien chaudes.

—

MANIÈRE DE FAIRE LE THÉ, *autre que la manière ordinaire.*

O mon Dieu! monsieur, je voudrais être morte. — Que vous est-il donc arrivé, mademoiselle Louise? —J'éprouve tant de peine quand ma maîtresse se plaint, que je suis hors de moi, et elle ne se plaint jamais à tort. Ce matin, monsieur, je lui ai servi du thé, et elle m'a dit qu'il était exécrable, qu'il ne sentait qu'un goût d'amertume, et qu'il était sans aucun odorat. — Comment l'avez-vous donc fait, mademoiselle. — Eh! mon Dieu, monsieur, je l'ai fait comme les Anglais le font; je mets le thé dans la théière, et je verse dessus un peu d'eau bouillante, et un moment après je remplis la théière avec de l'eau bouillante. — Eh bien! mademoiselle, vous faites tout ce qu'il faut pour que votre maîtresse ne soit pas contente. Voilà ce qu'il faut que vous fassiez : Il faut que vous mettiez le soir votre thé dans une théière de porcelaine, vous verserez dessus un peu d'eau froide, vous agiterez la théière pour que le thé s'imbibe un peu de l'eau, et le lendemain matin vous emplirez la théière d'eau bouillante, et vous la servirez. Votre thé n'aura pas le goût d'amertume, et aura un odorat parfait. C'est votre première eau bouillante qui emporte l'odorat et ne laisse qu'un gout amer. Quand vous voudrez servir du thé le soir, il faudra le faire ainsi le matin; de cette manière vous mettrez moins de thé, et le thé de moindre qualité sera excellent.

—

MANIÈRE DE FAIRE UN GATEAU DE PITHIVIERS.

Monsieur, je voudrais faire un gâteau de Pithiviers pour le dîner. Eh bien! mademoiselle, faites une demi-livre de feuilletage, et tourez-le comme à l'ordinaire; partagez-le en deux, et faites deux abaisses de l'épaisseur d'une pièce de cinq francs. Mettez-en une sur une tourtière, et couvrez-la à un pouce près du bord avec une crême d'amandes que vous ferez ainsi : Mettez dans le mortier deux onces d'amandes épluchées, pilez-les ; ensuites joignez-y deux onces de beurre, deux onces de sucre et un grain de sel. Quand ce sera bien pilé, mettez-y un œuf bien frais ; relevez ce Pithiviers et étendez-en sur la tourtière où vous avez mis votre première abaisse, de l'épaisseur d'une pièce de cinq francs, et à un pouce près du bord ; mouillez ce bord et mettez votre seconde abaisse, et couvrez avec entièrement votre gâteau. Avec votre couteau faites un feston tout à l'entour, dorez votre gâteau, rayez-le et mettez-le au four, chauffé un peu gai. Lorsqu'il sera à moitié cuit, vous le retirerez pour le glacer avec du sucre fin. Remettez-le pour qu'il achève de cuire et qu'il se glace. Servez-le chaud ou froid.

—

MANIÈRE DE FAIRE LES BISCUITS A LA CUILLÈRE.

Monsieur, je désirerais faire des biscuits à la cuillère. — Eh bien ! mademoiselle, cassez huit œufs, mettez les jaunes dans une terrine, et les blancs dans un bassin ; pesez une demi-livre de sucre, mettez-le dans les jaunes, battez ces jaunes avec une spatule pendant vingt minutes, après cela fouettez les blancs bien ferme. Lorsqu'ils seront pris, mêlez-les avec les jaunes. Faites-vous verser en même temps six onces de farine de blé que vous mêlerez bien avec les jaunes et les blancs. Ployez une feuille de papier en deux, et avec une cuillère, couchez vos biscuits en long sur ces deux moitiés de la feuille ; lorsque ces deux côtés de la feuille seront garnis, recommencez sur d'autres feuilles, jusqu'à ce que vous ayez employé toute votre pâte à biscuit. Ensuite, vous glacerez vos biscuits avec du sucre fin, les placerez sur une plaque, et vous les mettrez dans un four d'une chaleur modérée. Lorsqu'ils seront cuits et d'une couleur blonde, vous les retirerez, et vous vous en servirez pour des charlottes russes et pour le dessert. Vous pouvez mettre dans ces biscuits un zeste de citron ou toute autre odeur.

MANIÈRE DE FAIRE UNE TOURTE D'ENTRE-METS *moitié confiture et moitié frangipane.*

Foncez une tourtière large de huit pouces avec de la pâte à foncer, mettez à la moitié de cette tourtière large comme votre main de confiture, couvrez cette confiture avec de la même pâte, et avec votre couteau formez sur cette pâte des yeux ; ensuite, sur l'autre moitié de cette tourtière, mettez-y autant de frangipane que vous avez mis de confiture. Mettez sur cette frangipane un petit fleuron en pâte, ensuite, avec du feuilletage, coupez une bande de la largeur et de l'épaisseur de votre pouce, mouillez le tour de votre tourte, et posez-y cette bande en la joignant et mettant les deux bouts l'un sur l'autre. Dorez-la et mettez-la au four, chaleur gai. A la moitié de la cuisson, retirez-la et glacez-la avec du sucre fin, et remettez-la pour qu'elle s'achève de cuire et qu'elle se glace. Servez-la chaude ou froide.

—

MANIÈRE DE FAIRE LA FRANGIPANE.

Monsieur, je voudrais faire de la frangipane. — Eh bien ! mademoiselle, pesez trois onces de farine, mettez-la dans une petite casserole avec une livre de lait ; tournez cela sur le feu, faites-le bouillir, et sans grumeaux. Ensuite, joignez-y deux onces de beurre, deux onces de sucre et un grain de sel, deux jaunes d'œufs et un macaron ; faites faire un bouillon, et mettez-le dans une petite terrine pour vous en servir.

—

MANIÈRE DE DONNER DE LA VITESSE A UN CHEVAL.

Monsieur, voilà encore une contrariété qui se présente au neveu de ma maitresse. Il faut que vous sachiez qu'il a fait l'acquisition d'un petit cheval pour se promener à la campagne ; ce petit cheval est très-doux et très-agréable à monter, mais il a un désagrément, c'est que quand il est en route, et qu'il lui plaît de s'arrêter, le diable ne le ferait pas marcher. — Eh bien! mademoiselle, lorsque je courais la poste, j'avais un moyen pour diriger un cheval qui voulait s'emporter, il m'en fallait bien un aussi pour faire marcher un cheval qui ne le voulait pas. Voilà ce qui m'est arrivé : Un jour, à une dernière poste en Italie, près de Milan; il n'y avait dans cette poste qu'un énorme mulet; cela ne me contentait pas, mais il m'a bien fallu m'en servir. C'était le soir, et j'avais la forêt de Beaufalor à traverser, et cette forêt était habituellement le refuge des voleurs. Enfin je monte sur mon mulet, et je me fais donner un verre de vin : je ne sais s'ils faisaient des cornichons, ou s'ils m'ont pris pour tel, mais vraiment ils m'ont donné un verre de vinaigre. Enfin je pique des deux et me voilà parti. Étant dans la forêt, mon mulet allait d'un pas qui ne me convenait guère; mais comme je connais le caractère de ces quadrupèdes, je n'ai pas voulu me fâcher avec le mien. J'ai mis pied à terre, et tiré de ma poche un petit sachet que j'avais apprêté avant de partir de Paris; j'ôtai la croupière de dessous la queue du mulet, et j'y adaptai ce petit sachet, et lui remit la croupière où je l'avais prise. Je mis le pied à l'étrier, et laissai aller mon mulet à sa guise; mais un moment après, mon petit sachet commence à remplir ses fonctions; mon mulet, qui n'était pas habitué à une pareille démangeaison, se mit à galopper à toutes jambes, et en peu de temps je traversai la forêt de Beaufalor, et me trouvai dans les rues de Milan, que j'ai suivie jusqu'à Mouza, où était le prince Eugène. Maintenant, mademoiselle, il faut que je vous explique le contenu du petit sachet. J'ai mis dans un morceau de toile six gousses d'ail pilées, deux onces de poivre, une once de piment, une tête de poivre long sèchée et mise en poudre, et un sou de moutarde liquide; j'ai cousu ce sachet, et vous avez vu, mademoiselle, comment je m'en suis servi. — Monsieur, n'est-ce pas à Mouza où est déposée la couronne de fer? — Oui, mademoiselle. — On dit qu'elle est très-belle. — Mademoiselle, si vous la voyiez, et qu'on ne vous explique pas ce que c'est, vous croiriez voir un morceau de tuyau de poële découpé. Mais ce qui lui donne du relief, c'est un clou qui a servi à clouer Notre Seigneur sur la croix, et qu'on a forgé dans le fer qui compose cette couronne. Si cette couronne était entre vos mains, et que vous n'en connussiez pas la valeur, vous la donneriez volontiers pour une broquette (petit clou).

—

MANIÈRE DE FAIRE DES PETITS VOL-AU-VENT.

Monsieur, je désirerais faire aujourd'hui des petits vol-au-vent. — Mademoiselle, faites une livre de feuilletage comme vous l'avez déjà fait, et lorsque vous l'aurez touré à six tours, vous l'abaisserez de l'épaisseur de deux pièces de cinq francs, et avec un coupe-pâte uni, de trois pouces de large, vous couperez sept abaisses ; vous les mettrez sur un plat fond ; ensuite, avec un autre coupe-pâte uni, et large d'un pouce et demi, vous marquerez en coupant un peu, sur le dessus de votre vol-au-vent, le petit couvercle. Vous les dorerez et les mettrez au four, chaleur un peu gaie. Il faut qu'ils aient une couleur mâle.

—

MANIÈRE DE FAIRE UN SALPICON A LA BÉCHAMELLE.

Monsieur, je désirerais faire un salpicon à la Béchamelle pour garnir mes petits vol-au-vent. Eh bien ! mademoiselle, mettez trois onces de farine dans une petite casserole, ajoutez-y une livre et demie de lait ; mettez cela sur le feu, et tournez-le avec une cuillère de bois jusqu'à ce que ça bouille; ensuite, joignez-y trois onces de beurre, un grain de sel, un peu de muscade râpée, et deux jaunes d'œufs que vous aurez délayés avec un peu de lait. Mettez votre Béchamelle sur le feu, et faites-lui subir un bouillon ; ensuite, joignez-y trois filets de volaille coupés en dés, et une poignée de champignons coupés aussi en dés, faites faire un bouillon à votre salpicon, goûtez-le et emplissez vos petits vol-au-vent avec, et servez-les bien chauds.

MANIÈRE D'ARRANGER LES PIEDS DE MOUTONS.

Monsieur. ma maîtresse aime beaucoup les pieds de moutons ; afin que je lui en serve, comment les arrange-t-on? — Mademoiselle, beaucoup de cuisiniers arrangent les pieds de moutons, et peu les arrangent bien ; ils mettent de la farine afin que leur sauce soit épaisse, et justement il ne faut pas de farine. Voilà, mademoiselle, ce que vous ferez : Après avoir dégagé les pieds de moutons des os qui sont inutiles, et que ces pieds seront cuits et bien blancs, vous les mettrez dans une casserole, avec peu de leur cuisson ; vous les sauterez sur le feu, et y ajouterez un peu de persil haché, et un petit soupçon d'échalotte hachée, vous les assaisonnerez de sel et d'une pointe de muscade, et lorsque ces pieds seront bien chauds et assaisonnés ainsi, vous y joindrez un quarteron de beurre ; vous remuerez bien votre ragoût afin que le beurre s'y lie bien; ensuite ôtez votre ragoût de dessus le feu, et joignez-y quatre jaunes d'œufs que vous aurez délayés avec une cuillerée de vinaigre ou le jus de deux citrons. Faites lier votre ragoût sans qu'il bouille, goûtez-le, et servez-le de suite.

Surtout, faites que la sauce soit courte, et si les champignons ne déplaisent pas à votre maîtresse, vous pourrez en ajouter une poignée.

MANIÈRE DE FAIRE DU VINAIGRE A L'ESTRAGON.

Monsieur, faites-moi le plaisir de m'indiquer comment se fait le bon vinaigre à l'estragon. — Mademoiselle, vous aurez une cruche qui tienne sept litres, vous mettrez dedans six litres de vin, ou de bière ou de cidre ; vous y joindrez une chopine de vinaigre ordinaire, puis une demi-livre d'estragon épluché. Vous boucherez-bien cette cruche, et vous la mettrez dans un endroit sec et pendant trois mois, vous l'agiterez de temps en temps. Au bout de trois mois vous pourrez vous servir de ce vinaigre, et il sera excellent.

N'y mettez pas d'ognons, ils ne servent qu'à noircir ce vinaigre.

—

MANIÈRE DE FAIRE LA PATE DE GUIMAUVE.

O mon Dieu ! monsieur, que je suis tourmentée! ma maîtresse souffre de maux d'estomac, et se plaint d'un feu de poitrine ; je suis chargée d'acheter chez l'apothicaire une livre de pâte de guimauve. — Eh bien ! mademoiselle, n'achetez pas beaucoup de cette pâte, et vous en ferez ici. Voici ce qui m'est arrivé : J'étais maître d'hôtel chez M. le marquis de BEAUVOIR. Le château de Beauvoir est près d'Ivetot (Normandie). Je suis chargé de faire venir d'Ivetot une livre de pâte de guimauve. Lorsque j'ai entre les mains cette pâte, je m'aperçois qu'elle a été travaillée avec de l'amidon. J'en expose mon mécontentement au docteur, en lui faisant observer le danger où madame la marquise pouvait se trouver en se servant de ce médicament. M. le docteur approuva mon observation, et je lui demandai la permission de lui soumettre le contenu d'une pâte de guimauve que je confectionerais ; il me le permit, et en voici le détail :

Gomme arabique en poudre	1 liv. 1/2.
Racine de guimauve fraîche et ratissée	4 onces.
Sucre	1 liv. 1/2.

Six pommes de reinette et neuf blancs d'œufs.

M. le docteur, après en avoir reçu l'ordre de madame la marquise, m'autorisa à faire cette pâte.

Alors, mademoiselle, pelez six pommes de reinette grises ; coupez-les par tranches, ainsi que la guimauve, et mettez cela dans une bassine avec une pinte et demie d'eau ; faites bouillir cela pendant une demi-heure ; ensuite, passez cela au travers d'un linge, au-dessus d'une seconde bassine ; joignez à cette décoction la gomme arabique, remuez bien cela avec une spatule, sur un feu doux, joignez-y le sucre, et quand la pâte sera bien épaisse, vous fouetterez les blancs comme pour faire un biscuit, vous les incorporerez dans la pâte, et toujours en remuant sur le feu, vous taperez sur cette pâte avec le dos de votre main, et si elle ne s'y attache pas, c'est qu'elle est cuite à son point. Alors vous la coulerez sur un marbre de commode, après l'avoir bien nettoyé, et le lendemain vous couperez votre pâte de la grosseur que vous voudrez. Si les apothicaires y mettent de l'eau de fleur d'orange, sans s'inquiéter si c'est bon ou non, vous ferez bien, mademoiselle, de consulter le médecin là-dessus, parce que l'eau de fleur d'orange échauffe beaucoup, et votre maîtresse étant aussi souffrante, vous ne pouvez prendre trop d'attention. Les pommes que je mets dans cette pâte procurent un bon rafraîchissant ; les blancs d'œufs que j'y introduis donnent de l'élasticité à la pâte.

—

MANIÈRE DE FAIRE UN PATÉ A L'ANGLAISE.

Monsieur, ma maîtresse a une dame anglaise à dîner avec elle, je désirerais faire un pâté à l'anglaise. — Eh bien ! mademoiselle, voici trois pigeons vidés et flambés ; coupez-les en deux et ôtez les pattes. Mettez-les dans le fond de ce plat qui est creux, mettez sur ces pigeons un quarteron de beurre coupé en lames, joignez-y une poignée de champignons hachés et un peu de persil aussi haché, une demi-once de sel fin et deux onces de gras de jambon coupés en dés. Écrasez trois jaunes d'œufs durs, et mettez-les à l'entour de vos pigeons ; râpez dessus un peu de muscade. Couvrez le plat avec un couvercle de pâte à foncer ; soudez ce couvercle sur les bords du plat, dorez-le et mettez-le cuire dans un four modérément chaud, laissez-le cuire une heure et demie, et servez-le chaud.

—

MANIÈRE DE FAIRE UN GATEAU D'ARTOIS.

Monsieur, je désirerais faire un gâteau d'artois. — Eh bien! mademoiselle, voici une tourtière d'un pied de large, couvrez-la avec une abaisse de pâte feuilletée de la largeur d'un pied et de l'épaisseur d'une pièce de cinq francs; couvrez cette abaisse avec de la frangipane, de l'épaisseur de deux pièces de cinq francs, et à un pouce près du bord; mouillez ce bord et couvrez entièrement votre gâteau avec une autre abaisse de pâte feuilletée; coupez la pâte qui dépasse de votre tourtière; appuyez à l'entour pour souder vos deux abaisses. Dorez votre gâteau et mettez-le dans un four, chaleur gai, après l'avoir rayé et piqué. A la moitié de sa cuisson, retirez-le pour le glacer avec du sucre fin, et remettez-le pour qu'il achève de cuire et de se glacer. Laissez-le refroidir, et après vous en couperez des petits gâteaux de forme carrée longue.

—

MANIÈRE DE FAIRE UN BABA POLONAIS.

— Monsieur, je désirerais faire un baba polonais? — Eh bien! mademoiselle, pesez un quarteron de farine et mettez-le sur le tour; faites votre fontaine, mettez dedans une demi-once de levure et détrempez cela avec deux onces d'eau, faites qu'il n'y ait pas de grumelots; formez une boule de ce levain et, avec votre couteau, faites une croix dessus et mettez votre levain dans une casserolle d'eau tiède; laissez-le revenir le double de son volume primitif, ensuite, pesez trois quarterons de farine, mettez-les sur le tour et formez-en une fontaine, mettez dedans une demi-once de sel fin et deux onces de sucre, joignez-y deux cuillerées d'eau pour faire fondre ces deux choses-là; ensuite, joignez-y huit jaunes d'œufs et une demi-livre de lait, pesez quatorze onces de beurre, amollissez-le sur le tour et joignez-le à votre détrempe; ensuite, pesez une once de cédrat et une demi-once d'angélique et mettez avec cela deux onces de raisins de Corinthe et un petit verre de rhum; détrempez tout cela en semble et faites qu'il n'y ait pas de grumelots. Votre levain étant prêt, vous le mêlerez avec votre pâte entièrement; ensuite, vous mettrez cette pâte dans un moule beurré, puis vous mettrez ce moule dans un endroit à l'abri de l'air. Il est huit heures du soir, laissez-le ainsi jusqu'à demain matin, et vous le mettrez au four, chauffé d'une chaleur douce. Au bout de deux heures, vous le retirerez du four, vous renverserez le moule sur une tourtière et vous l'enleverez. Votre baba, étant dehors, doit avoir une couleur mâle; vous le servirez chaud ou froid.

Nous devons cet excellent gâteau à un roi de Pologne. Ce roi a établi ce gâteau en se faisant donner tous les ingrédiens ci-dessus. La reine qui le regardait, lui dit : — Mon bon ami, vous faites là un drôle de gâteau, je crois bien que le diable n'en mangera pas. Le roi lui dit : Bah! bah! et la reine reprit bah! bah! tant que vous voudrez, mais vous verrez que vous perdrez votre temps pour rien. Enfin, le baba étant fait et cuit, on le servit sur la table. Ch cun en prit un morceau, et il fut trouvé excellent. La reine demanda au roi quel nom il donnerait à ce délicieux gâteau? — Ma bonne ami, lui répondit-il, vous et moi nous avons dit bah! bah! eh bien! je le nommerai *baba polonais*. Depuis ce temps-là, mademoiselle, le nom et la chose volent de bouche en bouche. Ce roi est mort à Metz, avec le titre de duc de Lorraine. Il avait souvent des attaques de goutte, c'est-à-dire qu'il buvait souvent de trop. Il était très-bon et très-charitable, et la reine était remplie de bonnes qualités.

—

MANIÈRE DE FAIRE LES ÉCHAUDÉS.

Monsieur, je ne serais pas fâchée de savoir faire les échaudés, parce qu'à la campagne, c'est très-bon avec de la crême. — Et bien, mademoiselle, pesez deux livres de farine, faites la fontaine, mettez dedans une once de sel et un peu d'eau pour le faire fondre, cassez dans cette fontaine quatorze œufs, joignez-y une demi-livre de beurre; détrempez cela et qu'il n'y ait pas de grumelots ; froissez et battez bien cette pâte ; mettez-la sur une planche, et deux heures après vous la mettrez sur le tour, vous farinerez, et roulerez cette pâte, de la grosseur d'un boudin ; ensuite vous couperez vos échaudés de la grosseur d'une noix, vous les rangerez sur un couvercle fariné, et vous les coulerez dans un chaudron d'eau presque bouillante, et lorsqu'ils seront un peu fermes, avec une écumoire, vous les retirerez du chaudron pour les mettre dans un baquet d'eau froide ; et lorsqu'ils seront essuyés, vous les mettrez sur des plaques, et les mettrez au four chaud, vous fermerez le four, et au bout de vingt minutes, vos échaudés seront cuits, et d'une couleur jaune.

—

MANIÈRE DE FAIRE UNE TOURTE AUX CONFITURES.

Monsieur, ma maîtresse désire que je lui serve aujourd'hui une tourte aux confitures.— Eh bien ! mademoiselle, foncez en pâte à foncer une tourtière de huit pouces, couvrez-la de confitures de l'épaisseur de deux pièces de cinq francs, à un pouce près du bord ; mouillez ce bord, et couvrez votre tourte avec une abaisse de pâte à foncer, appuyez sur ce bord avec votre pouce ; ensuite prenez de la pâte feuilletée et alongez-la pour obtenir une bande qui fasse le tour de votre tourte ; cette bande doit avoir un pouce de large et épaisse de la hauteur de votre pouce ; mouillez le bord de votre tourte et mettez-là autour de votre tourte; et soudez, en le mouillant, les deux bouts de votre bande, appuyez-la et dorez-la; mettez-la au four, chaleur gaie, et à moitié de sa cuisson, retirez-la pour la glacer et remettez-la au four pour qu'elle s'achève de cuir, et qu'elle se glace, et lorsqu'elle sera glacée d'une couleur jaune, retirez-la du four et servez-la chaude ou froide.

—

MANIÈRE DE FAIRE UN GATEAU D'AMANDES.

Monsieur, je désirerais faire aujourd'hui un gâteau d'amandes.— mademoiselle pesez trois onces d'amandes épluchés, mettez-les dans le mortier avec trois onces de sucre et pilez-les ; après qu'elles seront pilées joignez-y trois onces de beurre, ensuite mêlez-y trois onces de farine, et trois jaunes d'œufs, un grain de sel, et un peu de zeste de citron haché ; mêlez bien tout cela ensemble, ensuite battez les trois blancs qui vous restent, et quand ils seront bien battus mêlez-les avec votre crême d'amandes, ensuite beurrez une tourtière large de sept pouces et qui ait un rebord mettez dans cette tourtière votre crême d'amandes et faites qu'elle ait la hauteur de votre petit doigt d'épaisseur mettez votre gâteau dans un four chaleur douce, et lorsqu'il est coloré et cuit, servez-le chaud ou froid, et si vous le roulez lorsqu'il est froid coupez-le en petits earés longs et servez ces petits gâteaux pour entremets.

—

MANIÈRE D'OBTENIR UN FOIE GRAS.

Monsieur, je voudrais faire un jour un pâté de foie gras, est-ce bien dificile pour obtenir le foie gras d'une oie?—Non mademoiselle, vous choisissisez une oie mâle parce qu'une femelle a le foie trop délicat et souvent il tourne en graisse dans le pâté, cette oie doit être d'une parfaite santé et doit posséder un bon appétit et vous donner des preuves d'une bonne digestion ; il doit avoir le port haut et fier comme l'avaient autrefois nos suisses de cathédrale, il doit avoir aussi le sérieux d'un Bas-Breton. Ayant toutes ces qualités voulues, Mademoiselle, vous faites céler dans un angle de votre cheminée une petite planche longue de deux pieds, large de quatre pouces, et à la hauteur de trois pieds ; vous mettez votre oie sur cette planche la tête du côté du feu, vous clouez un clou entre chaque doigt des pattes de votre oie, vous mouillerez ces clous afin qu'ils se rouillent et guérissent les plaies plus vite ; alors le voilà établi jusqu'à la fin de ses jours, vous prenez une aiguille et vous lui crevez les yeux, vons faites une bouillie d'avoine ; cette bouillie vous la ferez ainsi : vous mettrez deux livres de farine d'avoine dans une casserole, vous y joindrez deux peintes de lait et en tournant avec une cuillère de bois, vous la ferez cuire et un peu épaisse, et lorsqu'elle sera froide, vous formerez des boulettes, et lui insinuerez dans le gosier, quand vous jugerez qu'elle aura soif, avec une cuillère, vous lui ferez avaler une cuillerée ou deux de lait, et vous lui ferez faire ce repas le plus souvent que vous pourrez dans la journée, et entretiendrez un feu claire pour que la chaleur fasse porter sur le foie tout le sucre de cette bonne nourriture; alors, au bout du mois, votre oie pourra à peine respirer par la grosseur de son foie ; c'est alors que vous le seignerez et le fendrez par le dos pour en extraire le foie qui doit être de la grosseur de trois poingts.

J'ai vu, mademoiselle, aux alentour de Strasbourg, comme au village de Khel et autres, des cheminées où il y avait huit oies de chaque côté de la cheminée, une femme a soin de leur donner à manger et à boire et d'entretenir le feu ; les corps de ces oies sont donnés aux malheureux comme n'ayant aucune valeur, la plume est mise de côté pour faire des lits, le duvet sert à faire des édredons, les èdres étant plus rares qu'en Russie. Maintenant je vais vous donner la manière de faire un pâté de foie gras.

MANIÈRE DE FAIRE UN PATÉ DE FOIE GRAS.

Vous établissez une croûte de pâté comme vous l'avez faite pour votre pâté de veau et de jambon, alors vous mettez dans le fond de ce pâté, de la chair à pâté de l'épaisseur de votre main, vous en mettez de même à l'entour du pâté jusqu'en haut. Après cela vous asseyez le foie du pâté ; ensuite, mademoiselle vous mettez dans une petite casserole, un quarteron de beurre vous y joignez une cuillerée de persil, une cuillerée d'échalotte, ainsi qu'une jointée de champignons, le tout haché ; vous passerez ces fines herbes sur le feu et y joindrez une demi-once de sel épicé, lorsqu'elles seront froides vous les étendrez sur le foie, après cela vous finirez d'emplir le pâté avec de la chair à pâté, et couvrirez avec une bande de lard, vous couvrirez votre pâté avec un couvercle de pâte à dresser et mettrez dessus un autre couvercle en pâte feuilletée, vous dorerez votre pâté, et rayerez le couvercle, vous le mettrez dans un four bien chauffé l'espace de trois heures, en le retirant vous introduirez un petit verre d'eau-de-vie par la petite cheminée que vous aurez pratiquée sur le milieu du couvercle ; et servez-le froid.

—

MANIÈRE DE FAIRE LA CHOUCROUTE.

Vous vous procurerez une tonne dans laquelle il y aura eu du vin blanc ou du vinaigre, ensuite vous aurez environ deux cents choux bien fermes, vous ôterez les plus grosses feuilles ainsi que les trognons.

Vous couperez ces choux en filets très-minces, et lorsqu'ils seront tous coupés ainsi, vous ferez des trous au fond du tonneau ; vous couvrirez ce fond avec du bois de vigne, et ensuite vous mettrez dessus un lit de choux, et par dessus, vous semerez deux poignées de sel avec une poignée de graines de genièvre ou de carvi, et vous continuerez ainsi jusqu'en haut du tonneau. Vous tiendrez le tonneau plus que plein, parce que vos choux s'affaisseront tous les jours ; vous couvrirez vos choux avec un linge mouillé, et vous mettrez par-dessus un couvercle en bois, et qui puisse entrer dans le tonneau à mesure que les choux diminuent ; vous chargerez ce couvercle avec de grosses pierres, afin que les choux soient toujours bien pressés, et tous les quinze jours vous ôterez le couvercle ainsi que le linge, et vous arroserez vos choux avec une eau de sel. Vous ferez cela pendant trois mois, et vous tiendrez vos choux toujours chargés avec les grosses pierres.

—

MANIÈRE DE CUIRE LA CHOUCROUTE.

Mademoiselle, puisque votre maîtresse fait valoir un

ferme, elle a surement des ouvriers à nourrir, voici ce que vous ferez : Vous prendrez la quantité de choucroûte qu'il conviendra pour la nourriture des personnes que vous aurez ; vous la verserez dans un baquet d'eau, l'égoutterez, et la mettrez dans une marmite ; vous y joindrez un morceau de petit-salé, et emplirez la marmite d'eau. Vous laisserez cuire votre choucroûte pendant six heures, et vous servirez à vos ouvriers cette choucroûte et le petit-salé.

La choucroûte est très-bonne pour la santé ; elle est astringeante, et rend beaucoup de service aux marins qui font de longs voyages.

Si vous servez de la choucroûte à votre maîtresse, vous la ferez cuire en y mettant de la graisse de rôti et de volaille. Vous mettrez cuire avec une perdrix et un saucisson sans ail, et après que votre plat sera dressé, et prêt à servir, vous verserez dessus une sauce espagnole, bien veloutée. Vous couperez votre saucisson et votre perdrix par morceaux dans le milieu du plat, et la choucroûte à l'entour. Vous ferez attention que le bouillon que vous mettrez pour cuire votre choucroûte ne soit pas trop salé.

—

MANIÈRE DE FAIRE DES MACARONS.

Monsieur, ma maîtresse désire que je lui fasse aujourd'hui des macarons. — Eh bien ! mademoiselle, voici une demi-livre d'amandes épluchées et séchées ; mettez-les dans le mortier, pilez-les en y joignant un blanc d'œuf. Lorsqu'elles seront bien pilées, mettez-y trois quarterons de sucre fin ; ensuite, par intervalle, cinq blancs d'œufs, qu'il faut pour cette proportion-là. Travaillez bien votre macaron avec une spatule, afin que le sucre soit bien incorporé avec vos amandes. Joignez-y un zeste de citron haché ; mettez votre macaron dans une terrine au frais, et demain matin vous les coucherez sur du papier blanc, de la grosseur d'une noix moyenne. Vous les isolerez un peu l'un de l'autre. Lorsqu'ils seront tous couchés ainsi, avec votre pouce vous les appuyerez tous, afin qu'ils ne soient pas trop ronds. Vous les mettrez sur des plaques et les mettrez au four, d'une chaleur douce. Qnand ils seront cuits et d'une couleur blonde, vous les retirerez, et un moment après vous les détacherez de dessus le papier et les mettrez dans une boite couverte, et vous les servirez quand vous voudrez.

Cette quantité vous donnera deux livres un quart.

—

MANIÈRE DE FAIRE UN FROMAGE A LA CHANTILLI.

Monsieur, je désirerais faire aujourd'hui un fromage à la chantilli. — Eh bien ! mademoiselle, mettez une chopine de crême dans un bassin, et mettez ce bassin sur de la glace pilée. Une heure après, mettez dans cette crême une forte pincée de gomme adragant, et avec un fouet à blanc, fouettez cette crême pendant vingt minutes ; ensuite, ôtez le fouet et laissez reposer cette crême un quart d'heure. Après, enlevez la mousse qui est dessus cette crême avec une écumoire, et déposez-la dans un petit panier dans lequel vous aurez mis un linge fin. Ensuite vous recommencerez à fouetter la crême, et ôterez le fouet de dedans, et un quart d'heure après, vous enleverez la mousse et la déposerez dans le petit panier à l'aide de l'écumoir, et vous recommencerez ce même travail, jusqu'à ce que vous ayez obtenu de cette manière toute votre crême en mousse. Ensuite, mettez ce petit panier sur de la glace, laissez égoutter votre crême, et après, vous vous en servirez. On ne peut faire cette crême sans glace.

—

MANIÈRE DE FAIRE DES MERINGUES.

Monsieur, ma maîtresse désire que je lui serve aujourd'hui un buisson de meringues. — Eh bien ! mademoiselle, cassez huit œufs, et mettez les blancs dans un bassin ; fouettez-les, et qu'ils soient bien fermes. Ensuite, faites-vous verser, dans ces blancs, une livre de sucre fin ; mêlez bien le sucre avec les blancs ; coupez des bandes de papier longues de quatorze pouces et larges comme votre main ; prenez de ces blancs d'œufs avec une cuillère à bouche, et couchez-en sur ces bandes de papier de la grosseur d'un petit œuf. Mettez un pouce d'intervalle entre chaque meringue, et lorsqu'elles seront couchées et rangées toutes ainsi, vous passerez au-dessus de ces meringues, du sucre, à l'aide d'un tamis. Vous laisserez ainsi vos meringues pendant un quart-d'heure afin qu'elles prennent le sucre, après vous prendrez chaque bande par les deux bouts, et vous les pencherez pour en faire tomber le sucre qui est de trop. Vous les rangerez sur des planches épaisses, et vous les mettrez au four, chaleur douce. Quand elles seront colorées, vous les retirerez et les renverserez sur une plaque. Remettez-les au four sécher, et lorsqu'elles seront sèches, vous les retirerez. Étant froides vous les garnirez de crême à la chantilly, assaisonnée de sucre et de fleur d'orange, et colez-en deux ensemble.

—

MANIÈRE DE FAIRE UNE CHARLOTTE RUSSE.

Monsieur, ma maîtresse désirerait que je lui serve une charlotte russe. — Eh bien! mademoiselle, mettez une livre de lait dans une casserole, faites-le bouillir, et ajoutez-y six onces de sucre, mettez-y infuser un bâton de vanille ensuite mettez quatre jaunes d'œufs dans une tasse et délayez-les avec un peu de lait, ôtez la crême de dessus le feu, et versez-y doucement et en remuant avec une cuillère de bois ces jaunes d'œufs ; ne faites pas bouillir la crême après que les œufs seront dedans, ôtez le bâton de vanille qui est dans la crême et laissez la refroidir; lorsqu'elle sera froide vous la verserez dans une sorbetière et vous mettrez la sorbetière dans un seau plein de glace pilée et mêlée avec deux poignées de sel ; alors vous tournerez la sorbetière par l'anse du couvercle jusqu'à ce que la crême soit épaisse, et avec la houlette, vous travaillerez la crême pour qu'elle soit lisse et sans glaçons; vous introduirez dans cette crême quatre cuillerées de crême à la chantilly ensuite, vous aurez garni un moule uni de biscuits à la cuillère, et vous emplirez ce moule avec cette crême, vous mettrez ce moule dans la glace, après l'avoir couvert d'un couvercle, et que le moule soit couvert de glace entièrement. Vous aurez mis dans cette glace du sel, et vous laisserez ainsi le moule jusqu'à ce que vous le serviez. Alors vous renverserez le moule sur un plat, et votre charlotte russe doit être bien droite.

—

MANIÈRE DE FAIRE UNE TIMBALLE DE MACARONI.

Monsieur, ma maîtresse désire que je lui serve aujourd'hui une timballe de macaroni. — Eh bien! mademoiselle, voici un moule uni, vous prendrez de la pâte à foncer, et vous la roulerez de la grosseur d'une corde à pains de sucre, vous beurrerez ce moule, et en commençant par le milieu du fond, vous tournerez cette bande en la joignant, et en formerez un colimaçon jusqu'en haut du moule, ensuite, vous peserez six onces de macaroni, vous le verserez dans un litre de bouillion bouilliant. Laissez cuire ce macaroni une demi-heure; après cela, versez dedans six onces de fromage de gruyère rapé et six onces de fromage de Parme rapé aussi, mêlez bien le macaroni avec le gruyère et le fromage de Parme, joignez-y une petite cuillère à café de mignonette, goûtez s'il est d'un sel agréable, et versez-le dans le moule, couvrez-le moule avec un couvercle de pâte à foncer, et mettez le moule au four chaud pour qu'il se colore, ensuite, renversez-le et servez-le chaud.

—

MANIÈRE DE FAIRE UN NOUGAT.

Monsieur, j'ai annoncé à ma maîtresse que je lui servirai aujourd'hui un nougat. — Eh bien, mademoiselle, voici douze onces d'amandes épluchées, coupées en filet et séchées, mettez-les à la bouche du four, chauffez; ensuite pesez huit onces de sucre en poudre, et mettez-le dans un moyen poëlon, mettez-le fondre sur le fourneau, et remuez-le avec une cuillère de bois, dans le milieu du poëlon, et lorsque le sucre est fondu, et qu'il commence à ce colorer, vous y verserez les amandes et incorporerez les deux choses ensemble ; alors, vous mettrez une cuillerée de nougat vous l'aplatirez et poserez de suite dans le moule, vous recommencerez ainsi à aplatir ces parties de nougat, vous les joindrez de suite à celles qui sont déjà dans le moule, cette opération-là ne peut se faire trop vite. Vous garnirez le moule de cette manière en laissant des trous le moins que vous pourrez, et avec vos doigt vous essayerez à le faire jouer dans le moule, vous renverserez le moule sur plat, en l'enlevant, le nougat reste dessus. Il doit être bien blond et d'une seule nuance. Ce nougat a été inventé sous Louis XV, mais on a été long-temps, à arriver à la perfection où il est. — Monsieur, ma maîtresse m'a dit ces jours derniers que la cour de ce roi était une des plus belle et que Versailles réunissait tout ce qu'il y avait de grand et de beau. — Mademoiselle, dans ce temps-là, à Versailles, on y attachait les chiens avec des saucissons. — Oh ! monsieur, je crois bien que vous vous plaisez à me faire là un conte. — On assure mademoiselle, que c'était le temps le plus extraordinaire.

—

MANIÈRE DE FAIRE UNE GÊNOISE.

Monsieur, je désirerais faire une Gênoise. — Eh bien ! mademoiselle, cassez quatre œufs dans une terrine, pesez un quarteron de sucre, autant de farine, et mêlez cela avec les œufs et un grain de sel. Battez cela pendant cinq minutes ; joignez-y un quarteron d'amandes pilées, ensuite pesez un quarteron de beurre, faites-le fondre, et joignez-le à votre appareil. Graissez une tourtière à rebord, et versez-y cet appareil. Faites que la gênoise soit de l'épaisseur de votre pouce : mettez-la au four, chaleur modérée. Lorsqu'elle sera cuite, et d'une couleur blonde, retirez-la de la tourtière, et laissez-la refroidir, et quand elle sera froide, faites-en des petits gâteaux que vous couperez en carrés longs, et servez-les pour entremets.

—

MANIÈRE DE FAIRE DES MADELEINES.

Monsieur, je voudrais faire aujourd'hui des madeleines. — Eh bien! mademoiselle, cassez dans une terrine quatre œufs; pesez un quarteron de sucre et autant de farine, et mettez un grain de sel. Battez cela cinq minutes. Pesez un quarteron de beurre, et joignez-le à cet appareil. Après qu'il sera fondu, mettez-y un peu d'eau-de-vie et un peu de zeste de citron haché. Versez cet appareil dans douze moules à madeleine que vous aurez beurrés, mettez-les dans un four, chaleur douce, et quand elles seront cuites, et d'une couleur jaune, ôtez-les des moules et servez-les pour entremets.

—

MANIÈRE DE FAIRE UN GATEAU DE COMPIÈGNE.

Monsieur, je désirerais servir demain un gâteau de Compiègne. — Eh bien! mademoiselle, pesez un quarteron de farine, et mettez-la sur le tour; faites la fontaine, mettez dedans une demi-once de levure, et faites votre levain, en y joignant deux onces d'eau. Faites qu'il n'y ait pas de grumeaux. Formez-en une boule, et marquez une croix dessus avec votre couteau; mettez votre levain dans une casserole d'eau tiède; laissez-le revenir, et qu'il forme deux fois son volume primitif. Pendant ce temps, pesez trois quarterons de farine; formez-en une fontaine, et mettez dedans une demi-once de sel et trois onces de sucre. Faites fondre ces deux choses-là avec deux cuillerées d'eau, joignez-y huit jaunes d'œufs et la moitié d'un bâton de vanille que vous hacherez, avec une onee de sucre. Maniez quatorze onces de beurre, et délayez-le avec une demi-livre de lait. Lorsque vous aurez détrempé votre gâteau, et qu'il n'y aura pas de grumeaux, joignez-y votre levain, et mêlez-le avec votre pâte. Mettez-le dans un moule large de sept pouces et haut de six. Il faut que ce moule soit bien beurré, et qu'il ait un cylindre. Mettez-le dans un endroit à l'abri de l'air, et couvrez-le. Il est huit heures du soir ; demain matin vous le mettrez au four, d'une chaleur pas trop chaude. Laissez-le cuire deux heures ; après cela retirez-le et vous le démoulerez. Il doit avoir une couleur blonde. Vous le servirez chaud ou froid.

—

MANIÈRE DE FAIRE UN GATEAU DE PLOMB.

Monsieur, je voudrais faire pour ce soir un gâteau de plomb. — Eh bien, mademoiselle, pesez une livre de farine, mettez-la sur le tour, et faites la fontaine. Joignez-y une once de sel, un quarteron de lait et quatre jaunes d'œufs, une once de sucre et douze onces de beurre. Faites votre détrempe, sans grumeaux, et formez-en une boule abaissée, de forme ronde et de l'épaisseur de deux de vos doigts. Mettez ce gâteau sur une tourtière, et dans un four chaud, après l'avoir doré et rayé. Faites-le cuire d'une couleur jaune.

—

MANIÈRE DE FAIRE UNE TIMBALE DE NOUILLES.

Monsieur, je voudrais faire aujourd'hui une timbale de nouilles. — Mademoiselle, pesez six onces de farine et mettez-les sur le tour. Faites la fontaine, mettez dedans deux gros de sel, et faites-le fondre avec une cuillerée d'eau. Joignez-y huit jaunes d'œufs, faites votre détrempe et sans grumeaux. Cette pâte doit être ferme. Faites-en une boule et abaissez votre pâte de l'épaisseur d'une pièce de six liards. Ensuite, coupez quatre bandes de cette pâte, et coupez ces bandes en travers, aussi minces qu'une petite ficelle. Lorsqu'elles seront toutes coupées ainsi, jetez-les dans deux livres de lait bouillant; laissez-les bien pocher ainsi sur le feu; joignez-y un quarteron de beurre, autant de sucre, et un grain de sel. Lorsque ce sera un peu épais, retirez la casserole de dessus le feu, et mettez-y quatre jaunes d'œufs que vous aurez délayés avec une cuillerée de lait. Ajoutez-y deux macarons pilés, et versez vos nouilles dans un moule uni que vous aurez beurré et foncé de pâte à foncer. Mettez un couvercle de cette même pâte sur vos nouilles, et mettez votre moule au four chaud; et quand votre gâteau sera coloré, vous le retirerez du four et le démoulerez. Vous le servirez chaud, en râpant un peu de sucre sur le fond.

—

MANIÈRE DE FAIRE LA SAUCE ALLEMANDE. (GRASSE)

Mettez dans le fond d'une moyenne casserole, un quarteron de jambon cru et coupé en lames ainsi que deux gros oignons et une carotte; joignez-y un poulet commun et deux livres de ruelle de veau coupés en lames, versez dans cette casserole, une chopine de bouillion, le moins coloré possible, n'y mettez pas de sel, faites bouillir pendant deux heures, pas trop vite et quand ce consommé sera réduit au trois quart, finissez d'emplir la casserole avec du bouillion, faites bouillir ce consommé encore deux heures en y ajoutant un bouquet de persil dans lequel vous mettrez, une feuille de laurier, un peu de thim, deux cloux de girofle et une poignée de parure de champignons. Au bout de deux heures d'ébullition, vous passerez cette sauce à travers un tamis, ensuite vous mettrez dans une moyenne casserole un quarteron de beurre, et une demi-livre de farine, faites un roux blanc, délayez-le avec votre consommé et sans grumelots; lorsqu'il sera bien délayé tournez-le sur le feu jusqu'à ce qu'il bouillira; mettez-le sur l'angle du fourneau, afin qu'il continue de bouillotter pendant une heure. Dégraissez-le et retirez-le de dessus le feu, joignez-y quatre jaune d'œufs que vous aurez délayés avec un peu de ce consommé, vannez-les dans cette sauce jusq'à ce qu'elle soit presque froide, ensuite passez-la à travers d'une étamine blanche au-dessus d'une terrine, vannez cette sauce avec une cuillère à ragoût jusqu'à ce qu'elle soit entièrement froide, cette sauce faite ainsi doit être velouté, bien blanche et très-agréable au goûté, elle vous servira à saucer des petites entrées et des pétits ragoûts, comme des filets de volailles, de gibier, de poissons et de légumes.

—

MANIÈRE DE FAIRE DES PETITES CROUSTADES DE RIZ.

Pesez une livre de riz, et lavez-le à l'eau tiède, et à plusieurs eaux, mettez ce riz, dans une casserole large de dix pouces, ajoutez-y deux livres d'eau, deux onces de beurre et une once de sel blanc, faites bouillir ce riz, couvrez le fourneau de cendres afin qu'il bouillotte doucement pendant vingt minutes sans y toucher et après, avec une cuillère de bois, travaillez-le hors du feu, afin de le lier, ensuite versez-le dans un plat à sauter, et faites que le riz ait un pouce et demie de hauteur, égalisez le riz avec un couteau et laissez-le refroidir; après vous couperez vos croustades avec un coupe-pâte uni, large d'un pouce et demie, vous tremperez vos croustades dans quatre œufs battus, et ensuite vous les roulerez dans de la mie de pain bien fine; trempez-les de nouveau dans les œufs et dans la mie de pain, après vous marquerez un petit couvercle sur vos croustades, avec un petit coupe-pâte, en le tournant pour faire une petite coupure. Quand toutes vos croustades seront ainsi, vous les mettrez dans de la friture chaude et leur ferez prendre une couleur jaune; après cela vous leverez le petit couvercle et avec une cuillère, vous ôterez le riz que vous croirez être de trop dans vos croustades. Tenez-les chaudes en attendant que vous les serviez,

—

MANIÈRE DE GARNIR LES PETITES CROUSTADES DE RIZ.

Vous hacherez des filets de volailles en petits dés, vous

hacherez de même un maniveau de champignons après les avoir épluchés et lavés ; vous verserez dessus de la sauce allemande, et vous mettrez chauffer ce ragoût dans un bain marie. Vous ferez attention que l'eau ne bouille pas. Quand votre ragoût sera bien chaud, vous l'égoûterez, et emplirez avec vos petites croustades, que vous aurez tenues chaudes; ensuite, vous les couvrirez avec leurs petits couvercles, et vous les servirez chaudes. J'ai servi, pour la première fois, ces petites croustades sur la table de M. le général de CLAPARÈDE, et elles ont été bien reçues. M. le le comte était très-coquet pour le service de sa table; il aimait à avoir une entrée bien dressée et saucée à point, ainsi qu'une bordure de plats bien posée. M. le général de CLAPARÈDE est un homme sévère, mais juste. Si, lorsque Diogène cherchait un homme, M. le comte se fût trouvé sur ses pas, il n'aurait pas cherché long-temps.

—

MANIÈRE DE FAIRE DES DARIOLLES.

Monsieur, je désirerais faire aujourd'hui des dariolles. — Eh bien, mademoiselle, foncez neuf petits moules à dariolles avec de la pâte à foncer ; faites que votre abaisse ne soit pas trop épaisse. Vous aurez soin de beurrer les moules avant que d'y introduire l'abaisse. Ensuite, vous mettrez dans une moyenne terrine un œuf et un jaune ; vous y joindrez une once et demie de farine, une once et demie de sucre en poudre, et un grain de sel. Vous battrez cela avec une petite cuillère de bois, et après vous y joindrez peu à peu neuf onces de lait, et lorsque cela sera bien délayé, vous mettrez dans chaque moule gros comme un pois de beurre. Vous placerez vos dariolles dans un four chaud, et lorsqu'elles seront colorées, vous les retirerez du four et les démoulerez. Vous les servirez chaudes pour entremets.

—

MANIÈRE DE DÉTRUIRE LES RATS.

Oh mon Dieu! monsieur, que je suis malheureuse, il m'est arrivé cette nuit un désagrément le plus achevé. — Que vous est-il donc arrivé, mademoiselle Louise? — Il faut que vous sachiez, monsieur, qu'hier soir j'ai dressée un pâté garni de perdraux, qui avait la meilleure mine du monde; et ce matin, en ouvrant mon garde-manger, j'ai eu le désagrément de voir mon pâté mis dans un état difcile à vous peindre par les rats. — Eh bien! mademoiselle, il faut vous en garantir. — Eh! monsieur, je ne peux que fermer la porte, et ils passent par-dessous. — Eh bien! mademoiselle, voici ce qui m'est arrivé: « J'étais maître-d'hôtel chez M. le comte de la BRANCHOIRE, au château de Brévane; ce château est entouré d'eau, et les rats s'étaient introduits dans l'intérieur de mon office. Je me creusais la tête en cherchant un moyen de me débarrasser de cette cohorte grise; tous les matins je trouvais les boîtes où étaient déposées mes confitures sèches, et mon petit four, rongés et troués par les dents des quadrupèdes de Cendrillon. Enfin, j'ai trouvé un moyen qui m'a mis à même de leur adresser mes reproches bien justes. Voici ce que j'ai fait: J'ai mis dans mon office un tonneau vide, et auquel j'avais ôté un fond; j'ai bien lissé l'intérieur, et je l'ai graissé entièrement; ensuite j'ai couvert le fond avec des noix, et j'ai semé ça et là des petits morceaux de queue de morue. Le lendemain matin j'ai trouvé mon tonneau à moitié plein de cette bande joyeuse. Alors j'ai couvert le tonneau avec un couvercle en bois, et j'y ai pratiqué un trou dans lequel j'ai mis le bout d'un entonnoir; par ce moyen j'ai empli le tonneau d'eau, et lorsque j'ai jugé que mes prisonniers avaient cessé de vivre, on a ôté le couvercle du tonneau, et cette bande friande a été déposée dans un trou digne d'elle. Les petits morceaux de morue ont excité les rats à descendre dans le tonneau, les noix ont fait que, lorsqu'ils voulaient s'élancer pour sauter, la noix tournait, et le rat tombait sur lui-même. Enfin le nombre a attiré jusqu'au dernier, et plus ils étaient et moins ils pouvaient sauter. Voilà, mademoiselle, ce qu'il faut que vous fassiez pour vous débarrasser de cette importune société. M. le comte de la BRANCHOIR a vendu le château de Brévane à une actrice, qui l'a trouvé sans rats.

MANIÈRE DE FAIRE UNE TOURTE D'ENTRÉE.

Monsieur, ma maîtresse voudrait que je lui fasse une tourte d'entrée. — Eh bien! mademoiselle, voici une tourtière qui a huit pouces de large, foncez-la avec de la pâte à foncer, et faites un tampon de papier, et mettez-le dans le milieu de votre tourtière. Ensuite, couvrez ce tampon et votre tourtière avec une autre abaisse de pâte à foncer. Ayez du feuilletage pour établir une bande que vous souderez, après l'avoir mouillée, à l'entour de votre tourtière, et vous souderez les deux bouts l'un sur l'autre. Cette bande doit avoir un pouce de largeur, et de l'épaisseur de votre petit doigt. Vous la garnirez avec tel ragoût que vous voudrez, et la servirez bien chaude, après l'avoir cuite d'une belle couleur.

MANIÈRE D'ARRANGER UN POULET

(*sauce magonnaise.*)

Monsieur, ma maîtresse vous prie de m'aider a arranger un poulet, sauce magonnaise. Eh bien! modemoiselle, voici un poulet qui n'est pas mort de chagrin, c'est-à-dire qu'il a, comme vous le voyez, la chair blanche et la peau fine ; mettez-le rôtir, après cela, lorsqu'il sera froid, vous le couperez comme vous coupez un poulet pour mettre en fricassée ; vous ôterez la peau de dessus les membres, et après l'avoir paré, vous mettrez ce poulet dans une terrine, vous y ajouterez une pincée de sel, un peu de poivre, une cuillerée de vinaigre, deux cuillerées d'huile, avec un peu de cerfeuil et d'estragon. Vous laisserez mariner ce poulet pendant une demi-heure en le tournant dans l'assaisonnement. Ensuite, vous mettrez dans le mortier trois jaunes d'œufs durcis, avec gros comme une noisette de beurre, vous les pilerez, et après les mettrez dans une petite terrine ; vous y ajouterez un peu de sel blanc et trois ou quatre gouttes de vinaigre. Vous continuerez a délayer cette sauce avec de l'huile, en en mettant peu à peu; tournez-la un peu vite avec la cuillère de bois. Quand vous jugerez avoir assez de sauce, vous rangerez le poulet sur le plat, et le masquerez avec votre mâgonnaise. De cette manière, en cinq minutes on obtient une mâgonnaise bien blanche et bien épaisse.

—

MANIÈRE DE FAIRE DES GAUFRES D'OFFICE.

Monsieur, ma maitresse m'a demandé si je ne pouvais pas lui servir aujourd'hui, pour dessert, des gaufres d'office. Eh bien! mademoiselle, mettez dans une petite terrine cinq onces de farine, trois onces de sucre et un peu de zeste d'oranges; délayez cela avec de l'eau à l'aide d'une cuillère à bouche. Il faut que ce soit de l'épaissenr d'une bouillie légère. Faites chauffer le gaufrier des deux côtés, et lorsqu'il fumera, ouvrez-le, et mettez plein une cuillère de cette pâte, en long, sur le gaufrier, après l'avoir graissé avec une couenne de lard. Ensuite fermez-le, et en retournant le gaufrier, mettez-le sur le fourneau. Un moment après retournez-le, et vous regarderez si la gaufre est colorée. Alors vous aurez tout prêt un petit bâton rond, et vous roulerez votre gaufre de suite. Cette quantité de pâte doit vous donner une douzaine de gaufres. Lorsque je faisais des gaufres, je n'en faisais jamais assez tant elles plaisaient.

—

MANIÈRE DE FAIRE UN FROMAGE DE VIRI.

Ma maîtresse est étonnée de ne manger qu'à Paris, du fromage de Viri, est-ce que je ne pourrais pas en faire ici? — Si; mademoiselle, vous prendrez un morceau de fromage à la pie bien égouté, vous le mettrez dans une terrine et le délayerez avec de très-bonne crême double, peu à peu afin qu'il n'y ait pas de grumelots, lorsqu'il sera assez mou, vous incorporerez une goûte d'essence d'amandes, ne vous trompez pas entre l'essence et l'huile d'amandes, et n'en mettez qu'une goûte parceque votre fromage serait désagréable à manger, ensuite vous mettrez votre fromage dans un cageron dans lequ'elle vous aurez mis un petit linge fin et blanc, vous mettrez ce fromage dans de la glace pilée pendant quelques heures, après vous le renverserez dans une jatte, et vous servirez à côté un bolle de crême et un sucrier. Ce fromage est exellent, quand le fromage à la pie est bien égoûté, que la crême avec laquelle on l'a délayé est bien épaisse et qu'on à mis dedans avec attention l'essence d'amandes.

—

MANIÈRE DE FAIRE LA SAUCE HOLLANDAISE.

Monsieur, ma maîtresse m'a donné une truite à cuire, elle voudrait que je la serve avec une sauce à la hollandaise. — Eh bien mademoiselle, pesez un quarteron de beurre et mettez-le dans une petite casserole avec une demi-livre d'eau, mettez-y une pincée de sel et mettez cette casserole sur le feu, quand vous verrez que cette sauce sera prête à bouillir, retirez-la du feu, avec une cuillère vannez-la et faites que cette sauce ne bouille pas, joignez-y quatre jaunes d'œufs délayés, et présentez-la sur le feu en la vannant toujours sans qu'elle bouille, quand vous verrez qu'elle se lie, retirez-la et vannez-la encore et joignez-y le jus d'un citron. Votre sauce doit être bien veloutée, goûtez-la et servez-la dans une saucière.

—

MANIÈRE DE FAIRE LES RELLIETTES

Monsieur ma maîtresse me dit que vous êtes de tours et que vous devez savoir faire les relliettes. — Oui mademoiselle prenez une poitrine de porc frais, coupez-la en petits morceaux ainsi que les os, mettez ces morceaux de porc frais dans une casserole, faites les cuires et rissoler, quand ils seront cuits et d'une couleur blonde, séparez la chair d'après les os et hachez-la bien comme il faut, lorsque ce sera haché bien fin, mettez-la dans une casserole, ensuite mettez les os et les tendons dans un mortier, pilez les parfaitement et lorsqu'ils seront bien pilés mettez-les dans la casserole où est votre chair, posez la casserole sur le feu et tournez vos relliettes avec une cuillère de bois et faites faire quelques bouillons, salez-les et laissez-les refroidir, tournez-les à mesure qu'elles se refroidiront et quand elles seront froides mettez-les dans uu pot, couvrez-les avec du papier, les os qui sont pilés et mis avec les relliettes donnent un très-bon goût et les rendent excellentes. — Monsieur, ma maîtresse dit que les Tourangeaux sont de très-bonnes gens. — Mademoiselle, vous savez, chaque pays fournit son monde, les Tourangeaux sont gros d'esprit; mais ils ont l'appétit fin.

—

MANIÈRE DE CUIRE UN JAMBON.

Monsieur, ma maîtresse m'a donné un jambon à faire cuire, combien faut-il de bouteilles de vin? Mademoiselle, lorsqu'il s'agit de faire cuire un jambon, dans les maisons, cela attire des discussions souvent graves. Celui qui fait cuire le jambon veut un nombre de bouteilles de vin; celui qui donne le vin n'en veut donner que tant, enfin c'est à n'en plus finir. Moi je n'en mets pas. Vous pourriez croire que mon jambon n'est pas si bon; eh bien, mademoiselle, chaque fois que j'en ai fait cuire, et sans vin, les maîtres en étaient étonnés, notamment M. le comte de BROIE, qui a son château près Troies, en Champagne. Cette manière est bonne. Voici ce que je faisais : D'abord, je ne mettais pas tremper mon jambon, parce que cela lui ôte du parfum. Je mettais dans une marmitte trois grois ognons, une branche de thym, quatre feuilles de laurier, quatre gousses d'ail et une poignée de foin avec sa graine. J'emplissais la marmitte à moitié d'eau ; je la faisais bouillir, et enfonçais mon jambon dedans. Je couvrais la marmite et la laissais bouillotter pendant quatre heures, et au bout de ce temps, c'était rare que mon jambon ne soit pas cuit. Je le retirais du feu et le laissais dans la marmite une demi-heure. Après je retirais mon jambon, en retirais l'os du milieu, et le mettais dans une terrine pour qu'il prenne une forme bombée. Le lendemain je le décorais, et mettais après l'os une papillotte frisée. Mon jambon était trouvé excellent, je n'avais dérangé personne, et j'avais l'esprit tranquille.

—

MANIÈRE DE PRÉSERVER UN TERRAIN DES VERS BLANCS.

O mon Dieu ! monsieur, ma maîtresse a reçu une bien mauvaise nouvelle ; le jardinier lui a écrit que le potager, qui est près de la petite rivière, est abîmé par les vers blancs, et toutes les racines sont en partie détruites. — Eh bien ! mademoiselle, si vous le voulez, l'anné prochaine ça n'arrivera pas. Vous avez beaucoup de monde à nourrir, et par conséquent beaucoup de vaisselle à laver. Il faudra, mademoiselle, que vous fassiez mettre un tonneau près de votre cuisine, et tous les jours vous y jeterez l'eau de vaisselle ; lorsqu'il sera plein, le jardinier prendra cette eau et en arrosera les terrains humides avec. Cette eau de vaisselle contient beaucoup de sels différens, le cuivre, l'argenterie, l'étain, les viandes, et d'autres salaisons, tout cela est nuisible aux vers blancs ; lorsqu'ils en sont atteints ils meurent de suite. D'un autre côté cette eau procure un engrais salutaire au terrain.

—

MANIÈRE DE FAIRE DES HOSTIES.

Monsieur, nous allons bientôt partir pour la campagne, et ma maîtresse m'a chargée d'acheter des hosties, parce que dans son château, on officie la messe. — Eh bien ! mademoiselle, vous allez en faire ici. Mettez une demi-livre de farine dans une terrine, et avec une cuillère de bois, neuve, délayez-là avec de l'eau. Faites que ce soit épais comme une bouillie légère ; ensuite, mettez le fer à hosties sur le feu, et faites-le chauffer des deux côtés. Ne mettez aucune graisse sur ce fer, parce qu'il faut que l'hostie soit aussi pure que Notre Seigneur ; lorsque le fer est chaud, mettez en travers une cuillerée de cette pâte, et fermez le fer doucement. Il faut faire ces hosties sur un feu doux, et qu'elles soient très-blanches. Quand l'hostie est sèche, vous la retirez du fer et vous continuez à employer la pâte, ainsi. Cette quantité de pâte vous fournira deux cents grandes hosties et deux cents petites pour communier, parce que, sur le fer, sont sculptées deux grandes hosties et deux petites ; ensuite, vous couperez ces hosties avec des emporte-pièces qui ont la forme d'un coupe-pâte : ils se nomment coupe-hosties. Vous plaçez l'hostie sur une table bien unie, et en froissant avec le coupe-hosties, vous la coupez en tournant ; lorsque vos hosties seront faites, elles auront une teinte jaune ; mais deux jours après, elles seront très blanches.

— O mon Dieu ! Monsieur, je ne croyais pas que les hosties étaient faites avec autant de simplicité. — Mademoiselle, pour sanctifier la grâce divine, il faut que ce pain soit aussi pur que le sang qui l'accompagne. J'ai vu, en Pologne et en Russie, les Israélites faire leur pain eux-même, afin d'avoir la certitude qu'il n'y a pas de levain dedans. Ce n'est qu'à la longue du temps, que les Chrétiens, infidèles à leur première doctrine, ont introduit le levain dans cet aliment.

—

MANIÈRE DE FAIRE DES CROQUIGNOLLES.

Monsieur, je désirerais faire des croquignolles. — Eh bien ! mademoiselle, mettez une livre de sucre fin dans une terrine, et cassez cinq œufs dont vous mettrez les blancs les uns après les autres dans le sucre, et avec une espatule, vous remuerez ce sucre très-long-temps ; vous y joindrez un peu d'essence de citron. Lorsque le sucre sera bien travaillé, vous y joindrez douze onces de farine ; ensuite, avec une petite cuillère et à l'aide d'un de vos doigts, vous coucherez vos croquignolles sur une plaque que vous aurez graissée, vous mettrez une petite distance entre les croquignolles ; vous les laisserez passer la nuit sur le four, et le lendemain, vous les ferez cuire dans un four, chaleur douce, et d'une couleur un peu blonde.

—

MANIÈRE DE FAIRE LA CHANDELLE.

Monsieur, nous allons partir pour la campagne, et il y a quelque chose de bien désagréable pour moi ; c'est que je suis obligée de brûler de l'huile dans ma cuisine, parce que dans le pays, la chandelle coûte bien cher. — Eh bien ! mademoiselle, il faut faire de la chandelle. Votre famille est nombreuse, et par la consommation que vous faites en viande, vous devez avoir du suif et, par ce moyen, vous brûlerez de la chandelle qui ne vous coûtera pas cher, et remplacera l'huile qui vous incommode. Vous mettrez vingt livres de graisse de bœuf et cinq livres de graisse de mouton dans une chaudière, et après avoir coupé cette graisse par petits morceaux, vous la mettrez fondre, et vous la remuerez avec un bâton. Quand votre graisse fumera et que les crétons seront jaunes, vous la passerez au travers d'une passoire, en la foulant. Vous achèterez, à Paris, quatre moules à chandelles, des six à la livre. Ces moules vous coûteront vingt-quatre sous pièce, y compris le porte-mèche ; vous achèterez aussi une livre de coton à dix-huit fils. Alors, vous doublerez cette mèche en deux, ce qui vous donnera votre mèche de chandelle en trente-six fils, et à l'aide d'un petit fil de fer, et en accrochant la mèche après, vous l'introduirez par le petit bout du moule et vous l'accrocherez en haut, au porte-mèche; alors votre suif n'étant pas trop chaud, vous emplisez vos quatre moules et les mettez dans un seau d'eau fraîche. Un moment après, vous tirez la chandelle du moule et recommencez: vous pouvez faire vingt-quatre chandelles par jour, en faisant votre ouvrage. Ne mettez pas plus de suif de mouton que je ne vous indique, parce que votre chandelle aurait une clarté sombre et triste, chose qui arrive à la bougie quand il y a trop de suif de mouton. Ne mettez pas, non plus, de graisse de veau: gardez-la pour vos fritures.

J'étais cuisinier chez M. le baron de PONTALBA, qui est mort à Mont-L'Évêque. M. le baron me donnait douze cents francs d'appointement, soixante francs de denier-à-Dieu et cent francs aux étrennes; mais à condition que je renoncerais à tout profit: arrangement que j'ai observé religieusement. Alors, mon garde-manger était encombré de suif, par la grande quantité de viande que j'étais obligé d'employer pour cette nombreuse famille. Je demandai à M. le baron ce que je pourrais en faire: — Ma foi, mon cher, je n'en sais rien, me répondit-il. — Si vous voulez, M. le baron, lui dis-je, j'en ferai de la chandelle pour vos gens. — La pensée est bonne, faites de la chandelle.

—

MANIÈRE D'OBTENIR DES BAINS CONTRE LES DOULEURS, *et qui peuvent remplacer les bains de mer.*

O mon Dieu, monsieur, je suis désolée. Il faut que vous sachiez que ma maîtresse a une douleur à un bras qui la fait souffrir à la mettre hors de raison; le médecin lui conseille les bains de mer, mais elle craint les dangers de la route, et elle ne peut se décider à partir. — Eh bien! mademoiselle, il ne tient qu'à vous de garder votre maîtresse chez elle ; voici ce qu'il y a à faire : Nous voilà dans le moment où les fèves de marais sont en maturité, vous en mettrez un demi-boisseau dans un torchon avec leur écorce, vous les ferez bouillir à grande eau pendant une heure et demie ; après cela vous passerez cette eau à travers un linge, et vous en ferez un demi-bain, dans lequel votre maîtresse posera son bras. Vous mettrez l'eau aussi chaude qu'elle pourra l'endurer ; vous frotterez le bras avec votre main, tant qu'il sera dans le bain. Ce frottement dissipera la douleur, et après quelques bains votre maîtresse ne souffrira plus. Les fèves de marais contiennent une amertume qui procure une chaleur bienfaisante sur une partie souffrante. Votre maîtresse, mademoiselle, ne subira aucun dérangement.

—

MANIÈRE DE CONFECTIONNER UNE FOURRURE D'ASTRACANT.

Monsieur, le médecin de ma maîtresse lui ordonne d'adopter pour son bas une fourrure d'astracant, mais elle craint que cette fourrure ait déjà servi à couvrir d'autres maux, et cette crainte lui fait éprouver de la répugnance. — Eh bien ! mademoiselle, vous pouvez lui en procurer une qui pourra la rassurer. Vous aurez une brebis qui sera prête à mettre bas dans l'espace de quinze jours ; vous la ferez saigner et ouvrir pour en extraire son agneau ; vous ferez saigner de même cet agneau et le dépouiller. Vous clouerez sa peau sur une table, la laine en dessous ; vous délayerez du plâtre et en ferez une bouillie un peu épaisse. Vous laisserez sécher ce plâtre, après l'avoir étendu sur la peau, et lorsqu'il sera sec, vous déclouerez la peau et la frotterez pour la rendre souple. Vous battrez avec une baguette cette peau, et vous en formerez une manche, que votre maîtresse ne quittera plus que lorsqu'elle prendra un bain. Cette fourrure apprêtée ainsi communiquera sur le bras une chaleur salutaire, et la douleur que votre maîtresse éprouve se dissipera infailliblement. La fourrure d'astracant n'a de la vertu que lorsqu'elle est apprêtée ainsi. Je l'ai vu confectionner en Russie et en Pologne de cette manière.

—

MANIÈRE DE PRÉSERVER LA FOURRURE DES VERS.

O mon Dieu ! monsieur, il m'est arrivé une chose bien désagréable l'an passé. Ma maîtresse m'avait donné des fourrures à mettre à l'abri des vers, j'ai mis des odeurs fortes, tels que du poivre, du canphre, du beaume, et avec tout cela les vers ont pénétré, attaqué les fourrures et causé beaucoup de dégats. — Eh bien ! mademoiselle, cette année, cela n'arrivera pas, en faisant ainsi : Vous laisserez coucher un palefrenier dans les mêmes draps pendant deux mois ; alors ses draps seront pénétrés de l'odeur de l'écurie et de celle des chevaux, vous envelopperez vos fourrures dans un linge blanc, et ce paquet, vous le ronlerez dans un de ces draps. Vous fermerez ce paquet à l'aide d'une ficelle, et vous le mettrez dans une armoire. L'odeur contenue dans ce drap empêche que les papillons ne s'y introduisent.

J'ai resté plusieurs années en Italie, et j'ai retrouvé à Paris des effets et des plumes que j'avais arrangés ainsi, dans un état parfait de conservation.

—

MANIÈRE DE FAIRE LE FROMAGE DE BRIE.

Ce fromage se fait avec du lait de chèvre. Vous mettrez ce lait dans une terrine, ensuite vous délayerez de la présure que vous aurez chez le boucher, et vous la mêlerez avec ce lait. Lorsqu'il sera bien caillié, vous le verserez dans un cageron, et lorsqu'il sera bien égoutté, vous le mettrez dans une terrine, et le travaillerez bien à l'aide d'une cuillère de bois, afin qu'il soit bien lisse ; ensuite vous le salerez convenablement. Après cela vous le remettrez daus un cageron, vous semerez du sel dessus, et vous le couvrirez avec un linge ; vous mettrez ce cageron au-dessus d'une terrine pour recevoir cette égoutture qui sera salée, et tous les jours, pendant quinze jours, avec cette eau, vous arroserez votre fromage. Vous tiendrez ce fromage dans un lieu frais. Il faut qu'il ait trois ou quatre doigts d'épaisseur ; donnez-lui le temps de bien s'égoutter, et au bout d'un mois votre fromage sera excellent et bien gras.

—

MANIÈRE DE FAIRE LES CROQUETTES DE POMMES-DE-TERRE AU SUCRE.

Monsieur, ma maîtresse m'a parlé de croquettes de pommes-de-terre sucrées, et elle désire que je lui en serve aujourd'hui. Eh bien! mademoiselle, après avoir fait cuire des pommes-de-terres dans l'eau ou dans les cendres, vous en éplucherez environ une livre, et vous les mettrez dans le mortier avec une demi-livre de beurre et un grain de sel, faites que ces pommes de terre soient chaudes parce que le beurre s'incorpore mieux avec que quand elle sont froides. Lorsque les pommes-de-terre et le beurre sont bien pilées, vous y ajouterez six onces de sucre, quatre jaunes d'œufs et un peu d'eau de fleur d'orange ; après cela, vous formerez vos croquettes de la grosseur d'un petit œuf, et vous les panerez avec de la mie de pain bien fine, après les avoir trempées dans trois œufs battus. Lorsque votre friture sera chaude, vous les ferez frire dedans ; et lorsqu'elles seront égoûtées, vous les mettrez sur un plat d'entremets, les poudrerez de sucre, et les servirez bien chaudes.

—

MANIÈRE DE FAIRE UN FROMAGE DE FERME.

Vous mettrez du fromage à la pie dans un cageron pour qu'il s'égoutte ; lorsqu'il sera bien égoutté, vous le mettrez dans une terrine, l'assaisonnerez de sel fin, et y joindrez douze échalottes pilées. Vous amalgamerez-bien le tout ensemble, et après vous le remettrez dans le cageron. Vous semerez du sel fin dessus et vous le couvrirez avec un linge. Vous l'arroserez avec de l'eau salée pendant quelques jours, et après vous vous en servirez. Ce fromage est très-bon pour un propriétaire qui fait valoir une ferme ; il se sert sur la table des ouvriers.

Lorsque j'étais maître-d'hôtel chez M. le marquis de BEAUVOIR, j'en arrangeai ainsi, et les ouvriers préféraient en manger à toute autre chose.

J'en ai goûté à Rözant, en Allemagne ; je l'ai trouvé si bon que je m'en suis fait rendre compte, et j'en ai conservé le souvenir. Rözant est un duché, M. Henri de Chatelux en est le duc. La famille de Chatelux est l'une des premières et des plus anciennes noblesses de France. Cette famille est d'une bonté angélique.

—

MANIÈRE DE FAIRE LE SUCRE AVEC DU LAIT.

Mademoiselle, voici une circonstance qui, en l'exerçant, prouvera à votre maîtresse combien vous vous occupez de tout ce qui regarde ses intérêts. Il s'agit ici de tirer parti d'une chose à laquelle on ne fait nullement attention ; le petit-lait est précieux sous plus d'un rapport. Je sais bien qu'avec le lait de beurre on en fait une soupe pour les ouvriers, qu'elle est excellente; mais le reste de ce petit-lait ne s'emploie pas, ou s'emploie mal ; de même, le petit-lait qui vient du fromage, on le jette. Maintenant, mademoiselle, tous ces petits-lait-là vous les rassemblerez avec attention et en tirerez parti ; ils seront pour votre maîtresse, lucratif d'une part, et bienfaisant de l'autre. Voici ce que vous ferez : Vous mettrez dans des terrines tout le lait de beurre qui vous restera, ainsi que tout le petit-lait qui sortira de vos fromages. Quand vous en aurez, je suppose, plein deux seaux, vous mettrez ce petit-lait dans une chaudière, et vous le ferez réduire par le feu de sa moitié ; ensuite, quand vous en aurez plein deux autres seaux, vous les joindrez ensemble. Après cela vous mettrez dans un seau d'eau propre deux jointées de chaux vive ; vous agiterez cette eau avec un bâton, afin que la chaux se délaye bien, et vous joindrez cette eau de chaux à votre petit-lait. Ensuite, vous mettrez ce liquide dans votre chaudière et du feu dessous, et vous vous apprêterez à le faire réduire. Vous remuerez votre petit-lait avec un mouveron en bois, afin que la chaux ne dépose pas au fond de la chaudière ; après cela, avant que votre petit-lait ne soit bien chaud, vous y introduirez douze blancs d'œufs battus, comme pour un biscuit, ensuite vous agiterez votre petit-lait sur tous les sens jusqu'à ce qu'il bouille : alors vous cesserez de le remuer. Vos blancs d'œufs formeront dessus une nasse qui contiendra toute l'impureté de votre petit-lait ; au bout d'une demi-heure, avec une large écumoire, vous ôterez toute cette écume. Ensuite, vous descendrez la chaudière, et lorsque votre sirop sera à moitié froid, vous le verserez dans un grand vase, tout doucement, afin de ne pas y mettre le fond.

Ce sirop, mademoiselle, vous en prendrez un peu dans une cuillère, et vous verrez qu'il est aussi clair que de l'eau de roche. Ensuite, vous nettoyerez la chaudière, vous reverserez votre sirop dedans, et la mettrez sur le feu. Vous commencerez sa réduction : lorsque votre sirop sera épais, vous diminuerez le feu afin qu'il se forme en cassonade, et et vous le laisserez sur un feu doux, afin que cette cassonade soit blanche et sèche. Lorsqu'elle sera ainsi, vous la renverserez sur du papier, et vous vous en servirez agréablement. Ce sucre est très-bon ; on peut s'en servir dans tous les âges de la vie ; il ne contient pas d'esprit, avec lequel on fait des eaux-de-vie, comme le sucre de canne ou celui de betteraves, ce qui prouve combien il contient de douceur, et tient l'estomac dans un état d'élasticité. J'ai séjourné pendant quelque temps dans la Suisse, j'y ai appris que les habitants de ces cantons seraient bien dans l'intention de faire du sucre indigène ; mais les gouvernemens de ces cantons défendent de le fabriquer parce que, malgré que la Suisse soit bien boisée, il y aurait à craindre une trop grande consommation de bois.

Mademoiselle, la chaux que je fais entrer dans mon sirop n'occasionne aucun désagrément, au contraire, elle est nécessaire, car sans elle le sirop ne se formerait pas en cassonade; il serait trop gras, et se brûlerait sans sécher. Dans les grandes fabriques de sucre, on se sert de sang de bœuf pour la clarification des sucres; mais j'en ai vu le désagrément : le sang de bœuf porte avec lui une odeur infecte, parce qu'il n'est jamais frais quand on l'emploie. C'est pour cela que j'ai adopté les blancs d'œufs, qui donnent le même résultat. J'ai fait plusieurs fois de ce sucre à Beauvoir, et j'ai observé que la quantité de petit-lait décrit ci-dessus rapportait deux livres de sucre. Je n'ai pas écrit cette quantité pour que vous la suiviez, car une plus grande ne vous donnera pas plus de peine et guère plus de dépense. Vous pouvez employer le charbon de terre en place de bois. Si j'étais à la tête d'une maison, soit comme cuisinier ou maître-d'hôtel, je crois qu'avec huit vaches je pourrais alimenter en sucre toute la maison. Mais pour cela il faut un vouloir et de l'assiduité.

Habituez-vous, mademoiselle, à entendre la parole de l'homme, et à comprendre celle de Dieu. Dites votre *Salve*, mademoiselle, et ayez foi aux indulgences du confessionnal; faites que votre ame soit sans reproches, et vous ne ferez pas mal.

—

MANIÈRE D'ARRANGER UN JAMBON

Monsieur, ma maîtresse voudrait que j'aie un jambon frais, et que je l'arrange. — Eh bien, mademoiselle, vous choisirez un jambon qui provienne d'un cochon de quinze ou dix-huit mois; vous ôterez l'os du milieu, et le mettrez dans une grande terrine. Vous semerez dessus une once de salpêtre blanc, et par-dessus quatre livres de sel fin; vous y joindrez quatre gousses d'ail, quatre feuilles de laurier, une branche de thym et quatre clous de giroffle. Vous le couvrirez d'un couvercle en bois, et vous le laisserez ainsi huit jours sans y toucher. Après cela, vous le retournerez pendant huit jours tous les matins. Ensuite, vous mettrez un demi-seau d'eau dans une grande marmitte, vous y introduirez votre jambon avec tout son assaisonnement, et vous le ferez bouillir pendant cinq heures; après quoi vous retirerez votre jambon de sa cuisson et le poserez dans une grande terrine pour refroidir. Ensuite, vous le mettrez sur un grand plat et le couvrirez de chapelure de pain. Vous ajouterez une papillotte après l'os du jarret, et vous le servirez à l'entremets. Cette façon de faire les jambons est très-bonne; ils sont toujours tendres et point filandreux. En Lorraine, on nomme ces jambons-là *jambons de saison.*

—

MANIÈRE DE FAIRE LES FROMAGES DE NEUCHATEL.

Monsieur, ma maîtresse m'a demandée si je ne pourrais pas lui faire des fromages de Neuchâtel. — Eh bien, mademoiselle, vous pouvez lui en faire. Prenez un morceau de fromage à la pie, et avec une cuillère de bois, lorsque vous aurez mis ce fromage dans une terrine, délayez-le avec de la crême double; mettez-y un peu de sel fin. Délayez ce fromage, et qu'il soit sans grumeaux; faites qu'il ne soit pas trop mou. Ensuite, vous peserez deux onces pour chaque fromage; vous les formerez en bondons. Vous couperez des morceaux de papiers en carrés; que ce papier ne soit pas trop fort. mettez ces fromages sur un clayon, au frais, et servez vous-en, après les avoir enveloppés dans ce papier.

—

MANIÈRE D'ARRANGER UNE DINDE AUX TRUFFES.

Monsieur, ma maîtresse désire que je lui arrange une dinde aux truffes pour rôtir. — Eh bien, mademoiselle, choisissez une poule-dinde, jeune, tendre, grasse et blanche de peau. Après l'avoir plumée. vidée et flambée, supprimez le cou et les pattes. Ayez deux livres de truffes bien saines ; lavez-les et épluchez-les. Mettez-les dans une casserole avec une livre de lard pilé ; assaisonnez-les de sel épicé et d'une feuille de laurier. Mettez le tout sur le feu migeotter une demi-heure ; joignez-y quelques truffes hachées. Ensuite laissez-les refroidir, et après vous les introduirez dans le corps de votre dinde. Cousez les ouvertures de votre dinde, et trois jours après mettez-la rôtir, après l'avoir enveloppée de papier beurré, et lorsqu'elle sera cuite et d'une belle couleur, servez-la à l'entremets. Une dinde arrangée de cette manière est excellente. Cette espèce d'oiseau nous vient des Indes ; elle rend un grand service à toutes les classes, et, par son utilité, elle est bien plus recherchée que l'oiseau du Paradis, qui est tiré de son pays natal. L'une est appréciée pour le goût, et l'autre pour la vue.

—

DESCRIPTION DE L'OISEAU DU PARADIS.

D'abord, les Indiens nous présentent l'oiseau du Paradis avec un air de respect de sergent-de-ville, ils nous disent : « Voyez cet oiseau du Paradis, il n'a ni estomac, ni cuisses, « ni pattes. Il n'en a pas besoin, vivant et dormant dans « l'air, il n'a aucune communication avec la terre. » Et pour changer, mademoiselle, l'oiseau du Paradis vit sur terre aussi bien que notre poule dinde ; et pour tromper notre crédulité, ils ont soin de leur supprimer l'estomac, les cuisses et les pattes. Mais le superbe plumage de cet animal le fait rechercher pour l'ornement de notre haute société.

—

MANIÈRE DE FAIRE LES GAUFRES A LA HOLLANDAISE.

Monsieur, ma maîtresse désirerait que je lui serve aujourd'hui des gaufres à la hollandaise. — Eh bien, mademoiselle, pesez une livre de farine, et mettez-la dans une terrine ; délayez-la avec une pinte de lait, en y introduisant quatre jaunes d'œufs, mettez-y une pincée de sel fin ; ensuite, faites fondre un quarteron de beurre, et joignez-le à cette pâte. Après cela, délayez avec un peu de lait une demi-once de levure, et incorporez-la dans votre pâte. Mettez la terrine dans un endroit chaud, couvrez-la, et laissez revenir cette pâte pendant deux heures. Ensuite, mettez le gaufrier chauffer des deux côtés, graissez-le avec un peu de beurre, et couvrez un côté du gaufrier avec une cuillerée de pâte. Fermez le gaufrier, et en le retournant mettez-le sur le feu ; et lorsque la gaufre sera cuite et d'une couleur jaune, mettez-la sur un plat, soupoudrez-la avec du sucre fin, et entretenez-la chaude. Continuez à employer la pâte de cette manière, ne remuez pas cette pâte, et après en avoir pris avec la cuillère, ne la remettez pas dedans, parce que votre pâte serait lourde, et votre levure deviendrait inutile.

—

MANIÈRE DE FAIRE UN FROMAGE GLACÉ.

Monsieur, ma maîtresse désire que je lui serve aujourd'hu un fromage glacé. — Eh bien ! mademoiselle, pesez deux livres de lait et mettez-les dans une cassserole. Joignez-y douze onces de sucre : mettez le lait et le sucre, avec un bâton de vanille que vous aurez mis dedans, bouillir dix minutes sur le fourneau. Passez cette crême au travers d'un tamis, au-dessus d'une terrine, et laissez-la refroidir ; lorsqu'elle sera froide, mettez-la dans une sorbetière et couvrez-la de son couvercle. Pilez de la glace et mettez-la dans le fond d'un seau à glace ; mettez une poignée de gros sel sur cette glace et mettez la sorbetière dans ce seau. Entourez la sorbetière de glace pilée et de quelques poignées de gros sel, jusqu'au haut du seau et, en vous servant de la poignée qui est sur le couvercle de la sorbetière, tournez-la avec force et de temps à autre, débouchez la sorbetière pour détacher avec la houlette la crême qui est déjà prise à l'entour des parois de la sorbetière. Faites ce travail jusqu'à ce que votre crême soit prise et bien lisse, et, quand elle sera prise, vous y joindrez quatre cuillerées de crême à la Chantilly ; ensuite, vous mettrez votre crême dans un moule à glace et, lorsqu'il sera bien plein et fermé, vous l'enterrerez dans de la glace pilée, et y mêlerez du gros sel. Quand vous serez prête à le servir, vous tremperez votre moule dans un seau d'eau de fontaine, vous l'essuierez et le boucherez, et vous servirez sur un plat où vous aurez mis une serviette pliée.

MANIÈRE DE FAIRE LE PAIN D'ÉPICE.

Monsieur, le médecin de ma maîtresse l'engage à faire usage de pain d'épice, comme étant rafraîchissant. — Eh bien ! mademoiselle, pesez une livre de miel commun et mettez-le bouillir sur le feu ; ensuite, pesez une livre de farine de seigle et mettez-la dans une terrine. Lorsque votre miel aura fait un bouillon, versez-le sur votre farine, et à l'aide d'une cuillère de bois, mêlez le miel et la farine ensemble, et qu'il n'y ait pas de grumelots. Lorsque votre pain d'épice sera froid, mettez-le sur votre tour à pâte, et avec le rouleau abaissez-le. Mettez dans un verre une demionce de crême de tarte que vous délayerez avec un peu d'eau-de-vie, et couvrez votre pain d'épice de cette crême ; ployez votre pain d'épice et renfermez-le dans cette crême ; abaissez et ployez à plusieurs reprises votre pain d'épice, afin que cette crême se trouve bien mêlée dedans. La crême de tarte donne de la légèreté au pain d'épice. Après cela faites-en des gâteaux de la grandeur que vous voudrez ; faites-les de l'épaisseur de votre pouce. Vous les mettrez sur une plaque beurrée, vous les dorerez avec du lait, et les ferez cuire dans un four chaleur douce. Ce pain d'épice fait ainsi est très-sain.

MANIÈRE DE DONNER LE LUSTRE AUX ROBES DE TOILE.

Monsieur, je voudrais connaître un dégraisseur qui me donne, en payant, la manière de donner le lustre aux robes de toile à la campagne. Je suis obligée de les envoyer à Paris, et souvent, je les reçois toutes chiffonnées par le ballotage de la voiture par laquelle elles m'arrivent. — Mademoiselle, il n'y a rien de plus simple que d'obtenir ce que vous désirez : voici ce qu'il y a à faire. Vous ferez une eau de savon pas trop forte, parce que trop de savon affaiblit les couleurs de la robe, et que cette eau soit un peu tiède. Vous joindrez une once d'alun en poudre à cette eau ; cet alun affermit les couleurs. Vous frotterez légèrement votre robe dans cette eau et, quand votre robe sera bien claire, vous la rincerez dans de l'eau de fontaine ou de l'eau de rivière, parce que l'eau de puits est trop dure et ferait rester le savon sur la robe. Vous joindrez aussi à cette eau une once d'alun. En nettoyant votre robe de cette manière, vous aurez la satisfaction d'avoir les couleurs aussi vives que si la robe était neuve ; ayez la précaution de ne pas tordre la robe dans vos mains, tordez-la dans un linge ; ensuite, vous prendrez un quarteron de farine de blé, vous en ferez une bouillie qui doit être aussi claire qu'un lait de poule. Vous tremperez votre robe dans cette bouillie, et lorsqu'elle sera presque sèche, vous l'étalerez sur un marbre ou sur une table bien lisse et, avec le cul d'une bouteille, vous la calandrerez; surtout pas de plis. Lorsqu'elle sera bien calandrée, vous mettrez des fers à repasser au feu, avec lesquels vous repasserez votre robe ; il ne faut pas que les fers soient trop chauds. Alors, mademoiselle, vous verrez que votre robe sera bien luisante et sera dans son neuf. J'ai vu à Turin, en Piémont, des praticiennes qui faisaient cette bouillie avec du riz, mais j'ai reconnu que la farine de blé était plus élastique. Quand vous ferez ce travail-là, mademoiselle, vous vous arrangerez à ne pas avoir la colique dans les bras, car c'est un peu pénible.

—

AUTRE MANIÈRE DE METTRE UNE ROBE A L'APPRÊT PLUS ÉCLATANT.

Après avoir savonné votre robe et l'avoir tordue dans un linge, vous l'imbiberez d'une bouillie que vous mouillerez avec de l'eau dans laquelle vous aurez mis cuire deux pieds de veau ; vous fonctionnerez comme c'est indiqué ci-dessus.

—

MANIÈRE DE FAIRE UNE CASSEROLLE AU RIZ.

Monsieur, je désirerais faire aujourd'hui une casserole au riz. — Eh bien, mademoiselle, pesez une livre de riz, et confectionnez-le comme vous l'avez fait pour vos petites croustades, et lorsqu'il sera ainsi, vous le mettrez dans un moule à pâté chaud, d'entrée, que vous aurez mis sur une tourtière. Emplissez le parfaitement jusqu'en haut, et en le foulant avec une cuillère ; laissez refroidir le riz, et après vous dégagerez le moule d'après le riz. Alors votre casserole au riz doit voir une belle forme, et bien lisse : marquez dessus un couvercle avec la pointe de votre couteau. Dorez-la avec du beurre fondu, et faites-lui prendre une conleur jaune. Après cela, avec une cuillère, et après en avoir ôté le couvercle, dégarnissez-la du riz que vous croirez être de trop, et tenez-la chaude. Je vous indique un modèle pour cette casserole au riz, parce qu'il faut une grande habitude pour la monter à la main d'une manière convenable.

Je vais vous indiquer la manière de garnir cette casserolle au riz.

—

GARNITURE D'UNE CASSEROLE AU RIZ A LA TOULOUSE.

Cette garniture se compose de riz de veau coupés en tranches, de crêtes et rognons de coqs, de foie gras coupés en lames, de truffes cuites au vin et coupées de même, des champignons et de la cervelle de veau. Lorsque tout cela sera cuit séparément, vous mettrez le tout dans une casserole, et y verserez de la sauce allemande ce qu'il en faut; vous mettrez cette casserole chauffer dans un bain-marie, en observant que ce ragoût ne bouille pas au moment de le servir. Vous le goûterez, et garnirez votre casserole au riz que vous aurez tenue chaude.

MANIÈRE DE FAIRE UN BLANC-MANGER.

Monsieur, ma maîtresse désire que je lui fasse un blanc-manger. — Eh bien, mademoiselle, mettez dans cette casserole une livre et demie de lait; faites-le bouillir, joignez-y un quarteron d'amandes pilées, et laisssez infuser ces amandes dans le lait sans qu'il bouille. Au bout d'un quart d'heure, mettez-y six onces de sucre, et passez cette crême au travers d'un linge un peu clair; joignez-y une once et demie de colle de poisson que vous aurez fait fondre dans une demi-livre d'eau; lorsque cette crême sera froide, ajoutez-y quatre cuillerées de crême à la Chantilli, avec un peu d'eau de fleur d'orange; ensuite, versez cette crême dans un moule d'entremets, et après l'avoir couverte et enterrée dans la glace pilée, au bout de deux heures, vous retirerez le moule de la glace, et le tremperez dans de l'eau un peu chaude, vous l'essuierez et le renverserez sur un plat d'entremets. Votre blanc-manger doit être bien lisse et bien blanc.

MANIÈRE DE FAIRE DES PRALINES.

Monsieur, je désirerais faire aujourd'hui des pralines. — Eh bien, mademoiselle, pesez une livre d'amandes sans poussière et sans les émonder, mettez-les dans un poêlon d'office avec une livre de sucre et autant d'eau; mettez le poêlon sur le feu, et lorsque les amandes pétilleront franchement deux ou trois fois, retirez-les du feu, et tout doucement, avec une cuillère, tournez-les pour les exciter à se sabler. Lorsqu'elles seront ainsi, séparez les amandes du sable, et mettez ce sable dans le poêlon avec un quarteron d'eau, et lorsque le sucre sera détaché du poêlon, et qu'il sentira un petit goût de caramel, joignez-y vos pralines en laissant le poêlon sur le feu, et avec la cuillère; faites que vos pralines s'impreignent de tout le sucre. Alors, retirez le poêlon de dessus le feu, et tournez doucement avec la cuillère de bois, afin que vos pralines sèchent; ensuite versez-les sur un tamis, en les écartant, et mettez-les sécher un moment à la bouche du four. N'y mettez pas de rouge, parce que la praline grise est toujours de la bonne société.

—

MANIÈRE DE FAIRE LES CROQETTES DE POMMES DE TERRE (*non sucrées*).

Monsieur, ma maîtresse a trouvé mes croquettes au sucre excellentes; mais elle désire que je lui en serve aujourd'hui non sucrées. —Vous établirez celles-ci absolument comme celles au sucre, toutefois, en supprimant le sucre et la fleur d'orange. Alors, vous assaisonnerez celles-ci avec un peu de sel, et y râperez un peu de muscade. Ces deux sortes de croquettes font toujours plaisir aux maîtres. Lorsque j'étais chez M. DUTILLÈRE, nous entourions de fortes pièces de bœuf avec cette sorte de croquettes, ainsi que de fortes longes de veau, et cette garniture rend beaucoup de services, dans un dîner gras ou maigre. On fait aussi des quenelles de pommes de terre, qu'on fait pocher à l'eau bouillante. Alors on ne les panne pas de mie de pain, on les roule dans un peu de farine, et on les sauce avec toute sauce possible, pourvu qu'elle ne soit pas trop èpaisse. Seulement, si vous les faites au sucre, il faudra ajouter deux jaunes d'œufs de plus.

—

MANIÈRE DE FAIRE LA CRÊME, POUR GARNIR LES PETITS CHOUX.

Monsieur, je voudrais faire la crême pour garnir les petits choux. — Eh bien ! mademoiselle, mettez dans une petite casserole, une demi-livre de lait et une once de farine ; tournez cela sur le feu, et après que cela aura bouilli, mettez-y deux onces de sucre et un grain de sel fin ; ensuite, délayez, avec un peu de lait, quatre jaunes d'œufs et mêlez-les avec votre crême ; tournez votre crême sur le feu pour la cuire sans qu'elle bouille ; ensuite mettez-la à l'écart, et laissez-la refroidir, en la tournant de temps à autre, quand elle sera froide, joignez-y deux cuillerées de crême à la Chantilly ; et garnissez vos choux avec.

—

MANIÈRE DE CONNAITRE LE TABAC A PRISER MÉLANGÉ.

Ah, mon dieu ! monsieur je crois que le malheur me suit.— Que vous est-il donc arrivé, mademoiselle.— Monsieur, ma maîtresse à un mal au nez épouvantable.— Et comment ce mal, est-il venu. — Monsieur, je n'en sais rien : — Votre maîtresse prend-elle du tabac. — Oh ! oui, monsieur, beaucoup.—Et ce tabac, qui est-ce qui le lui procure. — C'est moi, monsieur. — Où l'achetez-vous. — Je l'achète partout ; tantôt dans un quartier, tantôt dans un autre. — Il faut bien faire attention à cela, mademoiselle. il y a des hommes qui parcourent Paris, qui offrent des tabacs falsifiés ; aux marchands. Ils disent qu'ils arrivent de Hollande, ou de Belgique, et qu'ils ont apporté du tabac de ces pays-là ; ils le vendent à bon marché à ces marchands qui, le mêlant avec le leur, le revendent à bas prix. Ce tabac est mêlé avec du verre pilé, et lorsqu'on en fait usage, il cause des maux de nez très-dangereux, Pour connaître ce tabac voici ce qu'il faut faire : vous mettez de ce tabac dans un verre d'eau ; s'il y a du verre pilé dedans, il se précipite au fond ; vous épanchez l'eau, et le verre pilé s'aperçoit distinctement. Si votre maîtresse s'est servi de ce tabac, il faut faire de l'eau de guimauve, et qu'elle en respire, afin de se nettoyer les narines deux fois par jours ; et au bout de trois jours. il faut qu'elle respire de l'eau de Barèges à boire, et tiède, cette eau de Barèges séchera des petits ulcères qu'elle peut avoir dans le nez, et fera disparaître l'inflammation, qui la fait souffrir ; ayez soin, mademoiselle, d'acheter votre tabac chez des marchands de bonne réputation.

—

MANIÈRE DE FAIRE LE PAIN PERDU.

Monsieur, ma maîtresse me dit que lorsqu'elle était en pension, elle mangeait souvent du pain perdu qui est excellent ; est-ce que je ne pourrais pas lui en faire ? — Si, mademoiselle. Coupez des tartines de pain, épaisses comme votre doigt et larges comme votre main ; mettez-les dans un grand plat, versez dessus un verre de lait et un peu de sucre râpé. Un quart-d'heure après, égouttez-les sur un linge ; mettez un morceau de beurre dans un plat à sauter, faites-le fondre ; ensuite, mettez-y vos tartines de pain et faites-les colorer des deux côtés ; puis, mettez dans une petite casserole deux verres de lait et une cuillerée de farine ; tournez-le sur le feu avec une cuillère de bois et, lorsqu'il bouillira, joignez-y deux onces de sucre et trois jaunes d'œufs, délayés dans un peu de lait. Faites lier cette crême sans qu'elle bouille ; joignez-y un peu d'eau de fleur-d'orange ; ensuite, mettez vos tartines de pain sur un plat ; versez votre crême dessus, et servez-les, chaudes ou froides.

—

MANIÈRE DE FAIRE LA PATE D'OFFICE.

Monsieur, je désirerais faire la pâte d'office. — Eh bien ! mademoiselle, mettez sur le tour à pâte une livre de farine et faites la fontaine. Mettez dans le milieu douze onces de sucre fin, une once de beurre, un peu de sel, une cuillerée d'eau de fleur d'orange et deux œufs. Mêlez tout cela ensemble, et faites que cette pâte soit bien lisse. Abaissez-la avec le rouleau, de l'épaisseur d'une pièce de cinq francs et faites-en des petits gâteaux de toutes les formes ; vous beurrerez une plaque, les rangerez dessus, et les mettrez au four, chaleur douce. Lorsqu'ils seront colorés, vous les mettrez sur un plat d'entremets et en formerez un buisson.

—

MANIÈRE DE FAIRE LES PETS-DE-NONES.

Monsieur, ma maîtresse a, depuis long-temps, l'envie de manger des pets-de-nones et elle désire en avoir aujourd'hui sur sa table. — Eh bien ! mademoiselle, faites de la pâte à choux, comme vous l'avez fait pour vos choux grillés, et quand votre friture est chaude, vous en faites tomber dedans de la grosseur de votre pouce et, quand votre poêle est aux trois-quarts pleine de ces petits choux, vous les faites colorer, et après, vous les mettez égouter avec une écumoire, les saupoudrez de sucre et vous continuez jusqu'à la fin.

—

MANIÈRE DE FAIRE LA GELÉE AU RHUM.

Monsieur, je désire faire une gelée au rhum aujourd'hui. — Mademoiselle, pesez une demi-livre de sucre et mettez-la dans un poêlon d'office avec deux livres d'eau. Mettez votre poêlon sur le feu et mettez un blanc d'œuf sur une assiette, avec une cuillère d'eau. Battez ce blanc d'œuf avec une fourchette, mettez-le dans votre sirop, vannez-le avec une cuillère et clarifiez-le, sans qu'il bouille et sans le remuer ; mettez votre sirop sur l'angle du fourneau et, quand votre blanc d'œuf sera cuit et qu'il aura clarifié votre sirop, passez-le au travers d'un linge peu serré, au-dessus d'une casserole. Joignez-y une once et demie de colle de poisson, que vous aurez fait fondre dans un peu d'eau, et mettez dans votre gelée une demi-livre de rhum que vous mêlerez avec ; versez tout cela dans un moule d'entremets et, lorsque votre gelée sera froide, enterrez le moule dans trois livres de glace pilée. Au bout de trois heures, trempez votre moule dans de l'eau chaude, démoulez votre gelée sur un plat d'entremets et servez-la.

—

MANIÈRE DE FAIRE LE CÉDRAT.

Monsieur, il y a long-temps que je désire savoir faire le cédrat; ma maîtresse ne sera pas fâchée d'en avoir à sa disposition, le cédrat étant un des amis de l'estomac. — Eh bien! mademoiselle, voici huit cosses de citron un peu épaisses; mettez-les dans une casserole d'eau sur le feu. Faites bouillir ces cosses jusqu'à ce que vous puissiez faire entrer dedans, sans difficulté, une tête d'épingle. Après, vous mettrez ces cosses dans une terrine d'eau et, avec le manche d'une fourchette, vous gratterez le blanc de ces cosses; ensuite, vous mettrez deux livres de sucre dans une casserole et y joindrez vos cosses de citron avec deux verres d'eau. Vous ferez bouillir vos cosses pendant un quart-d'heure, et vous les verserez dans une terrine. Le lendemain, vous les verserez dans une casserole et les ferez bouillir un quart-d'heure. Vous ferez ce travail-là pendant quatre jours et, au bout de ces quatre jours, vos cosses seront imprégnées de sucre cristalisé: alors, vous mettrez votre cédrat sur du papier, dans un endroit sec.

—

MANIÈRE DE FAIRE DES OEUFS A LA NEIGE.

Monsieur, ma maîtresse voudrait, aujourd'hui, se régaler d'œufs à la neige. Eh bien! mademoiselle, mettez un litre de lait dans cette casserole, et faites-le bouillir; puis, mettez huit blancs d'œuf dans le bassin, et fouettez-les comme pour du biscuit. Lorsqu'ils seront bien fermes, joignez-y une poignée de sucre fin, puis, mettez une cuillerée de ces blancs dans votre lait bouillant; retournez cette cuillerée de blancs avec une cuillère percée, et, quand elle sera pochée, retirez-la de dedans le lait et mettez-la égouter sur un tamis, et continuez de pocher ainsi le reste des blancs d'œufs. Après cela, mettez vos huit jaunes d'œufs dans une casserole, et délayez-les avec un peu de lait, en y joignant une demi-cuillerée de farine ; versez dans ces jaunes le lait où vous aurez fait pocher vos blancs d'œufs ; joignez à cette crême un quarteron de sucre ; mettez cette crême sur le feu, et faites-la lier, sans qu'elle bouille. Après cela, passez votre crême au travers d'une étamine, vannez-la avec une cuillère joignez-y un peu d'eau de fleur d'orange ; mettez vos blancs d'œufs pochés sur un plat un peu creux, et versez dessus votre crême. Servez-la, chaude ou froide.

—

MANIÈRE DE CONNAITRE LE SEL FALSIFIÉ.

Monsieur, il m'est arrivé quelque chose de bien extraordinaire. J'ai arrangé mon pot-au-feu comme à l'ordinaire ; je l'ai salé, et j'ai mis les légumes comme j'ai toujours fait, et mon bouillon est tout blanc. — Mademoiselle, si votre bouillon est blanc, cela ne peut venir que d'un mélange du sel, Pour en augmenter le poids, on y introduit du plâtre. Pour vous en convaincre, voici comment il faut faire : vous aurez un morceau de drap noir, vous l'imbiberez d'eau; ensuite, vous semerez une poignée de sel fin dessus et, un moment après, vous verrez sur le morceau de drap, le plâtre qui sera à découvert. Si vous employez des cassonnades en poudre, il faut vous métier de cette fraude, le plâtre y figure aussi ; si vous en faites l'essai, vous vous servirez du petit morceau de drap noir.

—

MANIÈRE DE FAIRE DES CONDÉS.

Monsieur, j'ai vu, dans votre établissement, des petits gâteaux feuilletés et couverts avec des amandes. — Mademoiselle, on appelle ces gâteaux-là des condés. Voici la manière de les faire : vous mettez, dans une petite terrine, deux onces d'amandes hachées et deux onces de sucre fin. Vous délayez, à l'aide d'une petite cuillère de bois, ces amandes et ce sucre, en y ajoutant la moitié d'un blanc d'œuf. Il faut que cet appareil ne soit pas trop liquide ; ensuite, vous prenez une demi-livre de rognures de feuilletage, vous en formez une boule et vous l'abaissez avec le rouleau, de l'épaisseur d'une pièce de cinq francs et de la longueur d'une feuille de papier et large comme la longueur de votre doigt ; ensuite, vous couperez ces petits gâteaux en travers votre bande de feuilletage et large comme le travers de deux de vos doigts ; vous masquerez ces petits gâteaux avec l'appareil ci-dessus ; vous les rangerez sur une plaque et les saupoudrerez de sucre fin. Vous les mettrez dans le four, chaleur modérée, ces petits gâteaux sont agréables à manger, et sont bien reçus dans les soirées d'hiver.

—

MANIÈRE DE FAIRE DES BATONS DE VANILLE.

Monsieur, ma maîtresse désire que je sache faire des bâtons de vanille. — Eh bien ! mademoiselle, mettez dans le mortier la moitié d'un bâton de vanille, coupé par petits morceaux ; joignez-y un quarteron de sucre et pilez parfaitement ces deux choses-là ; ensuite, joignez-y un quarteron d'amandes épluchées et sèches ; pilez-les avec votre sucre et, quand elles seront parfaitement bien pilées, mouillez-les avec un peu de blanc d'œuf, et faites que cette pâte soit assez ferme pour être étendue sur le four à pâte. Abaissez cette pâte en long, avec le rouleau, de l'épaisseur d'une pièce de deux francs, et qu'ils aient la même forme que les condés ci-dessus. Quand vos bâtons de vanille seront coupés ainsi, vous mettrez un quarteron de sucre très-fin dans une petite terrine, vous le délayerez à l'aide d'une petite cuillère de bois et, avec un peu de blanc d'œuf, faites que cette glace soit très-épaisse ; ensuite, couvrez vos bâtons de vanille entièrement avec cette glace, et les rangez sur une plaque que vous aurez beurrée et farinée ; mettez-les cuire à four doux et qu'ils aient une couleur de nankin. Ces gâteaux sont aimés de tout le monde.

MANIÈRE DE FAIRE UN FROMAGE A L'ITALIENNE.

Mettez dans une petite casserole, deux onces de fécule de pommes de terre ainsi qu'une livre de lait, et gros comme une noisette de beurre, faites prendre cela sur le feu en tournant avec une cuillère de bois ; lorsque cela est pris, retirez-le de dessus le feu, sucrez-le selon votre volonté ; lorsque cela est froid, mettez-le dans une terrine, et incorporez dedans, doucement et avec légèreté, une bonne assiétée de crême à la Chantilly ; joignez-y un peu de fleur d'orange ; après cela, versez cette crême dans une jatte, et mettez à l'entour de votre fromage, des biscuits à la cuillère ou des fraises.

Cette recette m'a été donnée par le maître d'hôtel de madame la comtesse de MONTECUCULI à Bolsans (petite ville dans le Tyrol italien).

Madame la comtesse de MONTECUCULI ; était la plus belle femme de la cour de Milan, après la vice reine.

MANIÈRE DE RECONSTRUIRE UN NOUGAT CASSÉ.

A Montfort-la-Maury , j'étais cuisinier chez monsieur de BIANCOUR, (ancien directeur de la ferme des tabacs). Étant là, j'eus occasion de faire un dîner de noce, pour la fille d'un notaire. Enfin , je sers le dîner, et le domestique qui était chargé de porter un nougat, tombe dans l'escalier et me rapporte mon nougat en morceaux ; enfin ma friture étant chaude je jette mes morceaux de nougat dedans , et, en peu de temps, mon nougat s'est trouvé ramolli , je l'ai égoûté sur deux serviettes, et ai remonté mon nougat dans son moule, à l'aide d'un citron. J'ai fait ce travail avec une grande célérité, et mon nougat à reparu à temps sur la table, et les maîtres ne s'en sont pas aperçus.

Le nougat n'a conservé aucun goût de friture ; monsieur de BIANCOUR était un homme rempli de bonne qnalités ; il est survenu dans le sein de cette bonne famille, de grands malheurs qu'elle était loin de mériter.

—

REMÈDE CONTRE LES ÉPARVINS.

(*Maladie des chevaux.*)

Ayez de l'huile de poisson qu'on aura obtenue sans le secours du feu, vous aurez une peau de mouton nouvellement tannée, et sans laine, vous ferez en sorte qu'elle enveloppe le jarret du cheval. Vous imbiberez cette peau d'huile de poisson ; vous entourerez entièrement le jarret avec ; et vous l'assujettirez, vous aurez un morceau de grosse toile qui servira d'enveloppe. Quand vous verrez que la peau sera sèche, vous la réimbiberez ; ensuite, vous sortirez le cheval, vous le ferez marcher au pas pendant un quart d'heure ; après cela, vous lui ferez prendre le trot, franchement ; mais pas galopper ; c'est la commotion faite par le trot qui fera dissoudre la tumeur qui s'est fixée dans les nerfs du jarret, cette inconvénient ne vient aux chevaux que quand ils travaillent trop, ou qu'ils ne travaillent pas assez. Le désagrément vient souvent de ce que des jeunes gens montant sur un cheval, l'arrêtent sur cul, étant lancé au grand trot, ou au galop.

—

REMÈDE INFAILLIBLE CONTRE LES CRAMPES.

Lorsque j'étais maître d'hôtel chez monsieur le marquis DE BEAUVOIR, monsieur le marquis était tourmenté toutes les nuits horriblement par des crampes (aux jarrets). Son valet-de-chambre mettait tous les soirs, au bont de son lit, une bouteille d'eau glacée, sur laquelle monsieur le marquis mettait ses pieds, quand les crampes lui prenaient ; mais ce n'était pas un remède pour les faires cesser. Alors j'ai proposé à monsieur le marquis de lui faire deux jarretières en peau de mouton de les imbiber légèrement avec de l'huile de poisson obtenue sans feu, et qu'il les appliqua aux jarrets. Enfin, dès la première nuit, les crampes ont céssés. Monsieur le marquis de BEAUVOIR, est mort à l'âge de quatre-vingt-dix-sept ans, il était officier dans les gardes du corps du roi Louis XVI, une chose singulière, il est mort dans la chambre occupée maintenant par les officiers de l'état-major de la première légion. Alors, cet hôtel était le garde-meubles des tapis.

Monsieur le marquis ne se doutait pas à avoir de pareils successeurs.

—

MANIÈRE DE FAIRE DES GLACES A LA GROSEILLE.

Monsieur, ma maîtresse m'a demandé, pour aujourd'hui, des glaces à la groseille. — Eh bien ! mademoiselle, mettez sur un tamis deux livres et demie de groseilles à graines et une livre de cerises, dont vous aurez ôté les queues et les noyaux ; écrasez l'un et l'autre, pour en avoir le jus. Versez, de temps à autre, sur le marc, une livre et demie d'eau ; ensuite, faites un sirop avec une livre de sucre, et mettez-le avec votre sucre ; mettez ce jus dans une sorbetière et faites prendre votre glace dans de la glace pilée, dans laquelle vous mettrez une livre de sel, et, quand votre glace sera prise et bien lisse, servez dans des verres à patte.

—

MANIÈRE DE FAIRE L'ANGÉLIQUE CONFIT.

Prenez des tiges d'angélique de la longueur de huit pouces; mettez ces tiges dans de l'eau, et faites-les bouillir jusqu'à ce que vous puissiez en retirer les filamens avec un couteau ; ensuite, mettez ces tiges dans une bassine, et faites-les cuire jusqu'à ce que vous puissiez entrer la tête d'une épingle dedans. Après cela, mettez-les dans de l'eau fraîche, avec une poignée de sel et laissez-les ainsi jusqu'au lendemain. Après cela, égoutez-les, mettez dans une bassine trois livres de sucre avec trois livres de ces tiges ; faites-leur faire deux bouillons et mettez-les dans une terrine. Le lendemain, mettez-les dans la bassine, et faites-leur faire encore un bouillon. Faites ce travail-là pendant quatre jours et, au bout de ce temps, vos tiges d'angélique doivent avoir pris le sucre et être cristallisées. Alors, mettez-les dans une boîte garnie de papier et mettez-la dans un endroit sec. Il faut faire ce travail-là à la fin du mois d'avril, avant que la fleur n'ait parue.

—

MANIÈRE DE FAIRE DES CONFITURES DE GROSEILLES.

Monsieur, je désirerais faire des confitures de groseilles. — Eh bien ! mademoiselle, mettez cinquante livres de groseilles égrainées dans une bassine ; mettez cette bassine sur le feu, et joignez un verre d'eau aux groseilles ; faites faire deux ou trois bouillons à vos groseilles ; ensuite, versez-les sur un tamis, au-dessus d'une grande terrine ; laissez-les égoutter toute la nuit ; puis, versez le jus dans une bassine qui doit vous avoir produit vingt-cinq livres ; joignez-y vingt-cinq livres de sucre, et faites-lui subir un bouillon. Ecumez-le et laissez-le presque refroidir. Mettez vos confitures dans des pots, couvrez-les de papier et mettez les pots dans une armoire.

—

MANIÈRE DE FAIRE UN FROMAGE BAVAROIS.

Monsieur, je voudrais faire un fromage bavarois. — Eh bien! mademoiselle, mettez une livre de lait dans une casserole et mettez-la bouillir sur le feu. Ajoutez-y un quarteron d'amandes pilées ; laissez-les infuser sans que le lait bouille. Un quart d'heure après, joignez-y un quarteron de sucre et une once et demie de colle de poisson ; incorporez le tout ensemble ; puis, lorsque vous aurez vanné votre crême avec une cuillère, passez-la au travers d'une étamine, au-dessus d'une casserole. Lorsque votre crême sera froide, mettez-la sur de la glace pilée, et laissez-la s'épaissir, en la remuant avec une cuillère; ensuite, joignez-y quatre cuillerées de crême à la Chantilly et versez-la dans un moule istorié. Après avoir couvert le moule, enterrez-le dans de la glace pilée et, une heure après, trempez-le dans de l'eau chaude, pour le démouler sur un plat d'entremets.

—

MANIÈRE DE FAIRE UN FROMAGE DE ROQUEFORT.

Ce fromage se fait avec du lait de brebis. Vous en mettez dans une terrine, sans l'écrêmer; vous y ajoutez gros comme le pouce de présure qui vient du dedans du veau, c'est un acide qui fait cailler le lait; vous la délayerez avant de l'introduire dans votre lait. Le lendemain, quand votre lait sera caillé, vous le verserez dans un cageron et laisserez égoutter vingt-quatre heures. Après cela, vous le mettrez dans une terrine et, avec une cuillère de bois, vous le travaillerez bien, afin que votre fromage soit bien lisse; ensuite, vous écraserez un gros d'anis vert, un gros de graines d'angélique, un gros de fenouille; vous incorporerez ces trois sortes de graines dans votre fromage; ensuite, vous y mêlerez une once de sel fin et une pincée de canelle en poudre. Après avoir bien travaillé votre fromage, vous le mettrez dans un cageron et au frais; vous semerez dessus une once de sel fin, et le couvrirez avec un linge. Au bout de quatre jours, vous l'arroserez avec un demi-verre de vin blanc; vous mettrez une terrine dessous, pour recevoir ces égouttures. Pendant huit jours, vous l'arroserez ainsi; vous l'arroserez encore pendant huit jours avec cette égoutture du vin et, quinze jours après, vous le renverserez sur un plat, et le servirez. Ce fromage se fait de cette manière, en Languedoc. Sa couleur persillée le fait distinguer par sa bonne mine.

—

MANIÈRE DE FAIRE UNE GELÉE DE GROSEILLES.

Monsieur, ma maîtresse désire que je lui serve, aujourd'hui, une gelée de groseilles. — Eh bien ! mademoiselle, mettez dans un poîlon d'office quatre livres de groseilles égrenées et une jointée de framboises ; dès que vous aurez ôté les queues ; joignez-y un demi-verre d'eau, faites-leur faire un bouillon ; après, versez-les dans un tamis, au-dessus d'une terrine ; laissez-le passer naturellement, et il sera très-clair. Cette quantité de groseilles doit vous fournir deux livres de jus, ce qu'il faut pour un moule d'entremets ; faites clarifier douze onces de sucre dans une livre d'eau, en y mettant un blanc d'œuf battu avec une cuillerée d'eau ; passez votre syrop au travers un linge, et joijoignez-le dans votre jus ; joignez-y aussi une once et demie de colle de poisson fondue ; alors votre gelée doit être bien établie. Versez-la dans un moule à puis et istoriez ; mettez un couvercle sur le moule, et lorsque votre gelée sera froide, enterrez-la dans de la glace pilée ; ne mettez pas de sel dans la glace. Au bout de deux heures, trempez le moule dans de l'eau un peu chaude, démoulez votre gelée sur un plat d'entremets, et servez-la.

—

MANIÈRE DE GARANTIR LE BLÉ DES ATTEINTES DU CHARANÇON.

Oh ! monsieur, ma maîtresse vient de recevoir une lettre de M. Renard, son homme d'affaires, qui lui apprend une bien désagréable nouvelle : il faut que vous sachiez, Monsieur, que ma maîtresse s'amuse à faire valoir une ferme, dont les terres entourent le château ; et les grains de l'année dernière, provenant de sa récolte, sont attaqués par le charençon, et presque hors de vente. — Dans quel endroit a-t-on mis ce grain, Mademoiselle ? — Mon Dieu ! Monsieur, on l'a mis dans le grenier, sur des draps de lit ; je voudrais bien connaître un moyen pour détruire ces vilaines bêtes-là.

Mademoiselle, on ne peut détruire aucun insecte que Dieu a mis sur terre ; mais on peut s'en garantir. J'ai eu des discussions avec des fermiers tant dans la Bausse que dans la Brie, au sujet du charançon ; voici le conseil que je vous donne. Mademoiselle, il faut choisir une chambre au deuxième ou au troisième étage ; que cette chambre soit bien aérée ; c'est-à-dire, que les croisées soient en face de la porte ; que le plafond de cette chambre, ainsi que les murs, soient enduits de plâtre et soient bien unis ; que les mures ne soient pas lézardés ni empreints d'aucune fente ; vous la ferez carreler, et non parqueter, parce que le bois, en se vieillissant, fournit des mittes qui sont contraires au blé ; vous ferez déposer le blé dans cette chambre ; seulement, que la moitié de cette chambre soit occupée par votre blé ; et, deux fois par semaine, avec des larges pelles en bois, vous ferez transporter votre blé à l'autre moitié de la chambre, et vous ferez faire ce travail tant que le blé séjournera dans cette chambre. Par ce moyen, Mademoiselle, les grains de votre blé se rétréciront et auront une teinte jaune très-claire ; et lorsque vous l'exposerez au marché, votre blé sera toujours bien considéré.

—

MANIÈRE DE FAIRE LA GELÉE DE POMMES.

Monsieur, je désirerais savoir faire la gelée de pommes ; mademoiselle j'ai vu à Rouen chez les confiseurs, beaucoup de femmes, occupées a éplucher les pommes ; elles mettent dans un grand panier les pelures et dans un autre panier, la chair des pommes ; il se fait, avec les pelures, la gelée ; et avec la chair, la marmelade et la pâte de pomme. voici ce qu'il vous faudra faire : Vous aurez trente-six pommes du Canada, vous les pélerez, vous mettrez ces pelures dans une bassine avec quatre peintes d'eau, vous les mettrez bouillir pendant une demi-heure, après cela, vous passerez le jus au travers d'un tamis au-dessus d'une terrine. Si vous avez trois litres de jus, vous les mettrez dans une bassine avec six livres de sucre ; vous ferez bouillir ce sirop a grand feu et l'écumerez, lorsque votre gelée sera épaisse, vous la mettrez refroidir; et, lorsqu'elle sera presque froide, vous la mettrez dans des pots et les couvrirez avec du papier et les mettrez dans une armoire.

—

MANIÈRE DE FAIRE LA PATE DE POMMES.

Monsieur, maintenant je voudrais, pour utiliser ma chair de pommes, en faire de la pâte. Eh bien, mademoiselle, ôtez les cœurs de vos pommes et mettez cette chair dans une bassine avec une chopine d'eau, mettez cette bassine sur le feu et couvrez-la avec un couvercle; une heure après remuez vos pommes avec une cuillère de bois, en suite, passez cette marmelade, et si vous avez deux livres de cette marmelade, joignez-y quatre livres de sucre, mettez ces deux choses-là dans une bassine et mettez-la sur le feu; faites-la désécher en la remuant toujours sur le feu et lorsqu'elle sera bien épaisse, versez-la dans un grand plat, mettez ce plat dans un four, après que l'on aura cuit du pain dedans, laissez votre pâte se désécher pendant trois jours, après cela, coupez des morceaux de cette pâte en carrés longs, rangez-les dans une boîte garnie de papier et mettez cette boîte dans une armoire.

MANIÈRE DE FAIRE UNE CHARLOTTE PARISIENNE (DITE A LA RUSSE).

Monsieur, ma maîtresse désirerait que je lui fasse une charlotte à la crême. Eh bien mademoiselle, mettez dans une casserole, une livre de lait, faites-le boullir, ajoutez-y quatre onces de sucre et un morceau de vanille, lorsque la vanille sera infusée, ajoutez trois jaunes d'œuf que vous aurez délayés avec un peu de lait, liez cette crême sans qu'elle bouille, après cela, ajoutez-y une demi-once de colle de poisson, que vous aurez fait fondre dans un peu d'eau; passez cette crême à travers une étamine au-dessus d'une casserolle, quand elle sera froide mettez-la sur de la glace pilée, tournez-la avec une cuillère et quand elle sera épaisse, joignez y quatre cuillerées de crême à la Chantilli, ensuite, versez cette crême dans un moule que vous aurez garni de biscuits à la cuillère, enterrez votre charlotte dans de la glace pilée, et une heure après, renversez-la sur un plat d'entremets et versez-la de suite.

—

MANIÈRE DE FAIRE LE SIROP DE FLEURS D'ORANGE.

Vous mettrez dans un poêlon d'office, une livre et demi de sucre, joignez-y une livre d'eau clarifiée ; faite boullir et réduire de moitié ce sirop ; ensuite vous y joindrez une demi-livre de fleurs d'orange épluchées ; faites-la bouillir dans ce sirop dix minutes ; après cela, passez votre sirop au travers un tamis de crin, pas trop serré, au-dessus d'une terrine ; et lorsque votre sirop sera presque refroidi, vous le mettrez dans des demi-bouteilles, et les boucherez hermétiquement, et les mettrez dans une armoire.

Ce sirop est bon contre les maux de tête, il modère les vapeurs et excite les mois aux femmes.

—

MANIÈRE DE FAIRE UNE SULTANE AU SUCRE.

Monsieur, je voudrais faire une sultane pour couvrir une crême ; eh bien ! mademoiselle, mettez dans un poêlon d'office une livre de sucre avec un verre d'eau et le jus de deux citrons bien juteux. Mettez-le sur le feu, et, quand il bouillera, mettez-le sur l'angle du fourneau afin qu'il bouille doucement ; écumez-le, et quand il sera parfaitement clair, laissez-le réduire et cuire au cassé ; pour connaître cette cuisson ; trempez le bout d'un couteau dans de l'eau fraiche ; et ensuite dans votre sucre, puis dans votre eau fraîche ; si le sucre qui est après le couteau se casse entre vos doigts, c'est qu'il est au point de cuisson qu'il faut qu'il soit. Alors versez votre sucre dans un petit poêlon à bec, et fraisez légèrement un moule uni ; mettez votre main gauche dans ce moule, et, avec votre main droite, faites tomber, par le bec du poêlon, un peu haut, des petits filets de sucre sur votre moule : faites que ces petits filets de sucre tombent sur votre moule sans discontinuer, et faites que le dessus de votre moule soit parfaitement couvert par ses filets de sucre. Ensuite, vous enleverez votre sultane de dessus le moule, et vous couvrirez votre crême avec ; vous ferez attention qu'il faut que votre crême soit moins haute et moins large que votre sultane,

Nota. J'ai éprouvé que de mettre dans mon sucre le jus de deux citrons, faisait mieux que d'y mettre de l'alun et de la crême de tartre ; le jus des deux citrons tient le sucre bien blanc et bien élastique.

Manière de faire un vase en sucre soufflé à la fleur d'orange.

Monsieur, je désirerais faire aujourd'hui un vase en sucre soufflé, et à la fleur d'orange. — Eh bien ! mademoiselle, mettez dans un poêlon une livre et demie de sucre avec un verre d'eau, mettez-le sur le feu et écumez-le ; quand votre sucre sera presque cuit au cassé, jettez-y un quarteron de fleurs d'orange fraîchement cueillies et épluchées, remuez ce mélange, et laissez-le cuir au casssé après avoir mis dedans le jus de citron. Ensuite, mettez dans une assiette un peu de blanc d'œuf et un peu de sucre passé au tamis de soie, et faites une pâte avec ce blanc d'œuf et ce sucre fin : faites cette pâte de manière que vous puissiez faire avec une boulette de la grosseur de votre pouce. Quand votre sucre sera cuit au cassé , jetez dedans cette boulette en plusieurs morceaux. Alors, sitôt que votre sucre montera, versez-le dans votre moule à vase après l'avoir huilé, et laissez-le refroidir. Une heure après, ôtez les agrafes du moule, et sortez votre vase en sucre, qui doit être d'une belle forme, et bien blanc.

Vous suivrez, pour connaître lorsque le sucre sera au cassé, la même marche que celle pour la sultane. Vous trouverez ces moules à vase chez les ferblantiers.

Lorsque je faisais ces sortes de gâteaux, je prenais indistinctement, soit de la fleur d'orange, de la fleur de tilleule ou de la violette, parceque, dans les maisons, la fleur d'orange n'est jamais en grande quantité. Lorsque vous voudrez faire un gâteau couleur rose, vous mettrez dans la pâte à petites boulettes, nn peu de carmin liquide.

—

MANIÈRE DE METTRE DES CORNICHONS AU VINAIGRE.

Vous aurez une grande cruche de grès, vous l'emplirez de cornichons épluchés, vous emplirez cette cruche avec du vinaigre, joignez-y des petits oignons, deux gousses d'ail, et une poignée de sel. Bouchez bien cette cruche, et mettez-la dans un endroit sec. Au bout de trois mois, servez-vous-en. Quand vous serez pour vous en servir, mettez dans un poêlon d'office, non étamé, les cornichons dont vous avez besoin, ajoutez y un verre de vinaigre, sautez ces cornichons sur le feu, et faites réduire le vinaigre : vos cornichons seront très-verts.

Si vous faites bouillir le vinaigre en faisant vos cornichons, ils seront jaunes.

—

MANIÈRE DE FAIRE LE SIROP DE GUIMAUVE.

Monsieur, je désirerais faire du sirop de guimauve. — Eh bien ! Mademoiselle, ayez une livre de guimauve de grosses racines ratissées et lavées, coupez-la par petits morceaux, et mettez-les, avec deux pintes d'eau, dans un poêlon d'office ; faites bouillir cette racine pendant une heure, après cela, passez cette décoction au travers d'un tamis ; mettez cette décoction dans un poêlon avec six livres de sucre ; mettez votre sirop sur le feu, et joignez-y un blanc d'œuf battu avec un peu d'eau. Agitez votre sirop avec une cuillère de bois pour fondre le sucre, et mêlez le blanc d'œuf : après cela, laissez le sirop tranquille sur le feu, et, lorsqu'il aura bouilli une demi-heure, vous le passerez au travers d'un linge ; lorsqu'il sera froid, vous emplirez des demi-bouteilles avec. Si ce sirop est employé pour la santé, ne mettez pas de fleur d'orange.

La demi-bouteille de ce sirop doit vous revenir à vingt-sous.

Ne faites pas beaucoup de ce sirop, parce qu'il ne se garde pas long-temps bon.

—

MANIÈRE DE FAIRE LE SIROP DE GROSEILLES.

Monsieur, puisque nous en sommes aux sirops, je voudrais faire du sirop de groseilles, aujourd'hui. — Eh bien ! Mademoiselle, mettez dans une bassine six livres de groseilles, dont vous aurez supprimé les grappes, ajoutez-y un verre d'eau, et faites-les fondre. Ensuite, vous les verserez dans un tamis au-dessus d'une terrine. Le lendemain, vous trouverez que ces groseilles vous auront rapporté trois livres de jus : vous verserez ce jus dans une bassine et y ajouterez six livres de sucre ; au premier bouillon, vous mettrez votre sirop refroidir, et vous emplirez vos demi-bouteilles avec ; vous les boucherez et les mettrez dans une armoire.

—

MANIÈRE DE FAIRE LE SIROP D'ASPERGES.

Monsieur, je voudrais faire aujourd'hui du sirop d'asperges. — Eh bien ! mademoiselle, prenez une botte d'asperges, cassez-les par petits morceaux, et ne prenez que ce qui est tendre ; mettez-les dans une casserole avec deux litres d'eau, et faites-les cuire. Lorsqu'elles le seront, pesez le jus, et si vous avez trois livres de ce jus, joignez-y six livres de sucre ; mettez ce jus sur le feu dans une casserole, ajoutez-y un blanc d'œuf battu avec un peu d'eau, mêlez bien l'œuf avec votre sirop, et faites que l'œuf cuise sans bouillir. Ensuite passez votre sirop à travers un linge clair ; lorsqu'il sera froid, mettez-le dans des demi-bouteilles. Faites usage de ce sirop avec convenance, parce qu'il est astringent et qu'il pourrait causer des irritations.

—

MANIÈRE DE FAIRE LE SIROP DE MOU DE VEAU.

Monsieur, aujourd'hui, je voudrais faire du sirop de mou de veau. — Eh bien ! mademoiselle, prenez un mou de veau d'nne grosseur ordinaire, coupez-le par petits morceaux, mettez-le dans une casserole avec deux litres d'eau, et faites-le cuire pendant déux heures, après cela, passez-le dans un tamis, au-dessus d'une terrine ; pesez deux livres de ce jus et mettez-le dans une casserole avec quatre livres de sucre ; joignez-y un blanc d'œuf battu avec un peu d'eau, et mêlez-le dans votre sirop ; étant sur le feu, faites que l'œuf cuise sans bouillir ; après cela, passez votre sirop à travers un linge clair, et lorsqu'il sera froid, mettez-le dans des demi-bouteilles, bouchez-les et mettez-les dans une armoire. Ce sirop est très-rafraîchissant ; mais il faut s'en servir avec prudence, parce qu'il est plus aisé de rafraîchir un estomac, que de lui procurer de la chaleur.

—

MANIÈRE DE FAIRE LE SIROP DE VINAIGRE.

Monsieur, je voudrais faire, aujourd'hui, du sirop de vinaigre. — Eh bien ! mademoiselle, mettez dans une terrine vernissée une livre de framboises dont vous aurez ôté les queues ; écrasez-les, ensuite versez dessus deux litres de vinaigre ; mettez ce mélange sur le feu, et joignez-y quatre livres de sucre ; faites faire deux bouillons à votre sirop, et passez-le au travers d'un filtre ; lorsqu'il sera froid, mettez-le dans des demi-bouteilles que vous boucherez et mettrez dans une armoire.

—

MANIÈRE DE FAIRE LE CUIRAÇAO.

Monsieur, je voudrais faire maintenant de la liqueur dite

cuiraçao. — Eh bien ! mademoiselle, mettez dans une cruche trois litres d'eau-de-vie, à dix-sept degrés ; joignez-y l'écosse de huit oranges, et ayez soin d'ôter tout le blanc de ces écosses, parce que votre cuiraçao serait trop amer : pressez le jus de ces oranges dans votre eau-de-vie, bouchez bien votre cruche et agitez-la tous les jours. Cette agitation accélère l'infusion. Après ces quinze jours, faites fondre trois livres de sucre dans un demi-setier d'eau, joignez-le à votre infusion et passez-la au travers d'un filtre ; emplissez des demi-bouteilles avec, bouchez-les et mettez-les dans une armoire. Quinze jours après ce cuiraçao sera excellent.

—

MANIÈRE DE FAIRE LA CRÈME DE MOKA.

Mettez dans une cruche trois litres d'eau-de-vie à dix-sept degrés, joignez-y un quarteron de café brûlé et moulu, et le zeste d'un citron. Laissez infuser cela pendant quinze jours, et tous les jours remuez la cruche afin de faciliter l'infusion. Au bout de quinze jours passez votre liqueur à travers un filtre, mettez-la dans des demi-bouteilles, et après les avoir bouchées, mettez-les dans une armoire. Quinze jours après servez vous-en. Cette liqueur est très-agréable ; elle donne de l'aplomb au cœur ; elle égaie les esprits ; elle fournit de bonnes pensées.

—

MANIÈRE DE FAIPE L'EAU-DE-VIE DE DANTZICK
(*ou eau d'or*).

Mettez quatre litres d'eau-de-vie dans une cruche (même degré que cidessus) ; joignez-y le zeste de six citrons, et un gros de macis ; laissez infuser ces choses-là pendant quinze jours, en remuant la cruche tous les jours. Après cela, mettez dans un poêlon quatre livres de sucre avec un verre d'eau, et faites-les fondre. Joignez-les à votre infusion avec une livre d'eau de fleur d'orange, et passez votre liqueur à travers un filtre. Mettez votre liqueur dans des demi-bouteilles, et dans chaque demi-bouteille des morceaux de feuilles d'or. Bouchez-les et mettez-les dans une armoire.

Par ma méthode de confectionner ces liqueurs, elles sont très-salutaires ; l'eau-de-vie qui sort de nos fabriques de sucre indigène, fait que ces liqueurs reviennent a très-bon marché. Vous verrez que le demi-bouteille vous reviendra à vingt sous. Nous devons à M. le duc de RAGUSE une page de reconnaissance pour la perfection de nos sucres de betterave, qu'il a obtenue aux dépends de ses intérêts Le malheureux, le sucre en main, prouvera que le duc de RAGUSE lui a fait du bien.

—

MANIÈRE DE FAIRE DU CHOCOLAT.

Mademoiselle, l'interèt que vous portez à votre maîtresse doit vous engager à faire le chocolat dont elle fait usage ; par votre intelligence, vous pouvez vous dispenser, pour faire du chocolat, d'avoir tous les outils dont les chocolatiers se servent pour cette substance ; vous pouvez éviter cette dépense, qui va à trois cents francs, et comme vous n'êtes pas obligée d'en faire une grande quantité, vous trouverez chez vous tout le nécessaire pour ce travail.

Voici ce que vous ferez : Vous prendrez une livre et demie de cacao de caraque de Sainte-Madelaine, et une livre de cacao de Berbiche (vous trouverez ces cacaos chez les épiciers en gros, rue des Lombards) ; vous mettrez ces trois livres de cacao dans une poële non perçée ; vous le ferez torréfier pour en extraire l'écosse, et faites qu'il soit d'un jaune un peu brun, parce que cela lui ôte un goût de moisi dont il est presque toujours atteint. Ensuite, ôtez les écosses, et faites que votre cacao soit bien dépourvu de tout corps étranger. Vous mettrez votre cacao dans une terrine, et dans un endroit un peu chaud ; vous profiterez qu'il sera chaud pour le piler dans votre mortier, et quand il sera refroidi, vous le remettrez dans la terrine, et au chaud, et recommencerez à le piler. Lorsque votre cacao sera bien pilé et formera une pâte très-lisse, vous le remettrez dans la terrine et au chaud, vous y joindrez trois livres de sucre en poudre, et laissez-le chauffer avec votre chocolat. Lorsque ce sera bien chaud, mettez votre chocolat dans le mortier, et pilez-le pour bien incorporer le sucre, et que cela ne fasse qu'un seul corps ; ensuite, remettez votre chocolat dans la terrine, et au chaud ; joignez-y de la vanille en poudre, ou de la canelle. Si votre maîtresse était indisposée de feu de poitrine, ne mettez pas ces aromates. Alors ce sera du chocolat de santé. Lorsque votre chocolat sera chaud, ôtez-le de la terrine, et mettez-le sur une table bien propre et bien unie, profitez, quand votre chocolat est chaud, pour bien le broyer, à l'aide d'un morceau de bois bien lisse ; après ce travail, mademoiselle, votre chocolat doit avoir une physionomie bien unie et bien élastique. Ensuite, mademoiselle, profitez que votre chocolat soit chaud pour le mettre dans des moules de fer blanc, parce qu'étant chaud, il s'étend également. Laissez refroidir votre chocolat dans ces moules ; et, lorsqu'il sera froid, il se détachera des moules très-facilement. Mettez vos tablettes de chocolat dans une boîte, et au sec. De cette manière, mademoiselle, vous aurez du chocolat parfaitement pur ; c'est-à-dire, sans fécule de pommes de terre. C'est ce qu'on appelle du progrès ; le progrès s'étend aussi sur le café de chicorée. Quantité de ce café se fait avec des marons d'Inde, lorsque ce fruit est torréfié, un peu brun et mis en poudre, il donne la couleur et l'amertume. C'est ce café que les bonnes appellent *être très-bon*.

La première fois que j'ai fait du chocolat, d'après la manière ci-dessus, c'était à Brévanne ; madame la comtesse DE LA BRANCHOIRE souffrait d'une maladie de poitrine venant d'un délabrement. Le chocolat était en partie sa nourriture, et il se vendait très-cher, d'une autre part, il était mal sain pour un malade ; et, d'après le consentement des médecins de madame la comtesse, j'ai fait ce chocolat, qui était la seule nourriture de cette respectable femme.

—

MANIÈRE DE FAIRE LE VIN BLANC MOUSSEUX.

Monsieur, je suis chargée d'acheter du vin blanc mousseux, et, ce qu'il y a de désagréable, c'est que nous avons déjà beaucoup de vin blanc à la campagne. — Eh bien! mademoiselle, il faut faire du vin mousseux avec votre vin blanc et ne pas en acheter. Lorsque vous serez à votre campagne, vous transporterez sur le pré le plus voisin du château, trente bouteilles de vin blanc. Il faut que ce soit dans la première quinzaine du mois de mars, parce qu'alors la rosée a plus de force et contient le plus d'air; il faut aussi que ce soit entre quatre et cinq heures du matin. Faites que le vin ne soit pas trop vieux, c'est-à-dire qu'il ait deux ou trois ans. Etant sur le pré, avec les trente bouteilles de vin, vous les déboucherez et ôterez de chaque bouteille plein deux cuillerées de vin, et avec une assiette, et en froissant sur l'herbe, vous ferez tomber de la rosée dans l'assiette; vous verserez cette rosée dans une terrine, qui sera couverte d'un linge, afin que cette rosée soit propre et sans herbe; vous aurez du sucre candi en poudre. Il faut être trois personnes pour faire ce travail : l'une remplace les deux cuillerées de vin par deux cuillerées de rosée, l'autre introduit plein une petite cuillère à café de sucre candi, et l'autre bouche la bouteille. Il faut que ce travail soit fait très-promptement, parce qu'il s'agit de surprendre l'air qui est dans la rosée et de le garder; ensuite, vous transporterez ces trente bouteilles au château, et vous les coifferez avec du fil de fer; vous rangerez ces bouteilles dans une cave, l'une sur l'autre; il faut les mettre dans une cave pas trop fraîche; et au bout de trois mois, vous pourrez les servir à votre maîtresse, et votre vin sera mousseux et très-agréable à boire.

MANIÈRE DE FABRIQUER LE SAVON POUR LES LESSIVES.

Mademoiselle, il a toujours été dans mon caractère de mettre de l'économie domestique dans les maisons où j'ai travaillé. Etant maître d'hôtel chez M. le marquis de BEAUVOIR, voyant qu'il se faisait une grande consommation de savon, vue sa grande famille, et le nombre de celles qui venaient dans cette maison à la campagne, j'ai résolu de fabriquer le savon nécessaire aux lessives et à la grande quantité des savonnages. J'ai fait venir d'Yvetot (nous en étions tout près) douze livres d'huile de colzat non épurée (il y a une fabrique de cette huile à Yvetot), ensuite, j'ai fait venir de Rouen, cinquante livres de soude (la soude est tirée d'un herbage des îles d'Espagne), j'ai mis cette soude sur une table, et en ai formé une couronne; ensuite, j'ai mis l'huile dans cette couronne et pétri avec force ces deux substances; j'en ai formé une seule masse que j'ai laissée sur la table, et couverte d'un linge pendant huit jours, afin que ces deux corps se lient bien ensemble. Au bout de ces huit jours, j'ai pesé cette masse par parties de huit livres, j'en ai formé des briques, comme vous les voyez chez les marchands, je les ai rangées sur une planche et isolées l'une de l'autre, afin qu'elles reçoivent le courant d'air pour qu'elles se sèchent.

De cette manière, mademoiselle, j'ai obtenu un excellent savon, qui est revenu à monsieur le marquis à cinq sous la livre, au lieu de treize à quatorze sous. Voyant que j'avais bien réussi, j'ai fait aussi du savon pour la toilette (la barbe). A cet effet, j'ai pris dix livres de soude blanche et deux livres et demie d'huile d'olive non épurée, j'ai ajouté à ce savon une gousse de vanille en poudre. Ce savon a été trouvé très-bon et très-agréable.

—

CONNAISSANCE DE CE QUI EST DANS LE LAIT FALSIFIÉ.

Oh! monsieur, ce matin, j'ai éprouvé du désagrément

de la part de ma maîtresse ; il y avait dans son poêlon d'argent du gratin venant du lait, et je n'ai jamais pu faire croire à ma maîtresse que le lait procurait du gratin lorsqu'il avait bouilli. — Eh bien ! mademoiselle, votre maîtresse a raison ; voici ce qui m'est arrivé à ce sujet. J'étais au château Mignaux, près verriers ; le château Mignaux appartenait à M. le baron de PONTELBA ; il y avait huit vaches dans la vacherie : le lait de ces huit vaches était vendu à une laitière de Verrière, qui l'apportait ensuite à Paris. Un jour, j'avais besoin de lait, je vais à la vacherie : comme on était en train de traire les vaches. Là, je vois une jeune femme qui avait le corps ficelé comme une carotte de tabac, et qui avait les yeux en coulisse comme la porte Saint-Denis ; elle me dit : Monsieur Duchemin, Je ne puis vous vendre du lait ici, qu'à moins de vingt-quatre sous. Je lui dis : Comment cela ? A Paris, je ne le paie que douze sous la pinte. Elle me dit : Venez à la maison, et vous ne le payerez que ce prix-là. Alors, j'allai chez elle et, dans la laiterie, j'aperçois, à côté du lait, un sac de papier, dans lequel il y avait de la gomme adragant ; je lui demandai ce qu'elle faisait de cette gomme ? Elle me dit qu'elle en mettait une pincée dans une chopine de lait, et qu'elle la délayait avec une pinte de consommé de canard, et que, quand la gomme lui manquait, elle remplaçait cette pincée de gomme par une pincée de fine farine, et que cela procurait à ses pratiques un estomac velouté comme le dessus d'un œuf frais ; voilà, mademoiselle, ce qui donne toutes raisons à votre maîtresse dans son mécontentement. M. le baron de PONTELBA a vendu le château de Mignaux pour ne plus l'avoir ; ce château est sur une hauteur, qui n'a pour toute eau qu'une rivière factice dont les grenouilles s'arrangent mal. Il a été bâti par les ordres du roi Louis XIV, pour la demoiselle de ce nom ; mademoiselle de MIGNAUX avait un très-joli petit pied, comme l'avaient dans ce temps-là toutes les dames quand même, et elles dansaient toutes comme des hirondelles.

La famille de madame de PONTELBA est excellente; elle mérite qu'on prie Dieu pour elle.

—

MANIÈRE DE FAIRE UN JAMBON DE CARÊME.

Mademoiselle, lorsque j'étais chez madame la comtesse BEUGNOT, à Bonneille, j'avais un gros biscuit qui était entamé, et, le dimanche d'après, il vint au château plusieurs personnes dîner. Ce qui manque souvent dans les campagnes, c'est une grosse pièce pour mettre dans le milieu du service; c'est justement ce jour-là ce qui m'est arrivé; mais j'ai suppléé avec mon gros biscuit à lever cette difficulté; je l'ai taillé en forme de jambon, j'ai fait de la chaplure avec mes parures, j'ai fait un puits dans mon biscuit et je l'ai empli avec un fromage de Viri que j'ai établi. J'ai couvert mon biscuit avec ce fromage, et l'ai masqué avec ma chaplure et avec du chocolat fondu; j'ai figuré la couenne et j'y ai adapté une manchette de papier; j'ai mis mon jambon sur une serviette et l'ai servi au second service. Madame la comtesse m'en a témoigné sa satisfaction. J'avais, chez madame la comtesse BEUGNOT, les mêmes appointemens que j'avais chez M. le baron de PONTELBA; seulement, en place de faire de la chandelle avec la graisse venant de la viande de boucherie, je la donnais au boucher en paiement; et la graisse des rôtis servait à faire, tous les matins, du potage pour huit domestiques, et le restant de la graisse me servait pour les fritures, et quand j'avais de reste un pot de bonne graisse, madame la comtesse se plaisait à en faire part à des malheureux. Cette manière d'arrangement était très-bonne pour moi et très-agréable pour le maître. Un fromage à la Chantilly va très-bien aussi dans ces jambons.

—

MANIÈRE DE FAIRE UNE EXCELLENTE CRÊME A GARNIR LES PETITS CHOUX.

Monsieur, j'ai vu chez vous des petits choux garnis avec une crême, qui avaient bien bonne mine, est-ce que je ne pourais pas faire cette crême? Si mademoiselle, mettez dans une petite casserole, une cuillère de féculle de pommes de terre, avec une demi-livre de lait et un peu de beurre, faites prendre cette crême sur le feu, en la tournant avec une cuillère de bois; lorsqu'elle sera prise, ôtez la du feu et laissez-la refroidir, ajoutez-y deux onces de sucre et six cuillerées de crême à la Chantilli avec un peu d'eau de fleurs d'oranges; délayez cette crême légèrement, ensuite, levez un petit couvercle à chaque choux et emplissez-les avec cette crême; cette crème-la n'est pas vulgaire.

Des pâtissiers qui ne la connaissent pas, emplissent leurs choux avec de la crême à la Chantilli; mais la mienne est meilleure et a une mine toute particulière.

Sa blancheur la fait distinguer honorablement.

MANIÈRE DE FAIRE MURIR LES FIGUES.

O mon Dieu! monsieur, voilà une drôle d'idée qui se présente à ma maîtresse : elle est contrariée de voir qu'elle ne peut manger des figues, parce qu'elles ne mûrissent pas, même dans le mois d'août, par la fraîcheur qui existe à sa campagne; et elle est décidée de vendre son château rapport à cet inconvénient. — Eh bien, mademoiselle, dites à votre maîtresse que je vais vous donner un moyen par lequel vous ferez mûrir les figues à volonté. Voici ce que vous ferez, et votre maîtresse gardera son château : Vous mettrez un peu d'huile de vitriole sur chaque figue la veille que vous voudrez en servir, et le lendemain vous aurez des figues aussi mûres et aussi grosses que si vous étiez dans la Provence. Cette découverte s'est faite à Châtillon-sur-Seine, comme celle du vaccin s'est faite en Angleterre. C'est une femme qui, après avoir nettoyé différentes choses avec de l'huile de vitriol, a touché des figues avec ses mains qui étaient enduites de cette huile ; et les figues qu'elle a touchées, et qui n'étaient pas mûres, le lendemain elles étaient d'une grosseur énorme et d'une parfaite matûrité. On a su par cette femme d'où venait ce phénomène.

Vous me direz : mais monsieur, l'huile de vitriol n'est-elle pas suceptible d'incommoder ma maîtresse? Mademoiselle aucunement ; bien que l'huile de vitriol soit factice ; mais de la manière que vous l'appliquerez, je réponds de jours de votre maîtresse. Vous savez, mademoiselle, que, dans les médicamens, il entre, soit de l'opium ou de l'arsenic : eh bien, de la manière dont ces choses-là sont modifiées, elles donnent la santé.

Ainsi, mademoiselle, voici ce que vous ferez : vous imbiberez une petite éponge avec cette huile de vitriol, vous passerez cette éponge sur chaque figue que vous voudrez servir le lendemain : vous ferez, mademoiselle, qu'il n'y ait de cette huile moins épais qu'une feuille de papier de soie ; vos figues seront bien mûres et bien sucrées, et votre maîtresse gardera son château.

MOYEN D'ALIMENTER UN TERRAIN QUI EST DANS UN ÉTAT DE STÉRILITÉ.

O mon Dieu ! ma maîtresse a reçu une bien mauvaise nouvelle. Il faut que vous sachiez, monsieur, qu'elle s'est engagée à fournir un nombre de betteraves pendant cinq ans, et, la cinquième année, les betteraves n'étaient pas plus grosses que des salsifis ; Il paraît que le terrain qu'elle avait destinée à ce légume s'est dépourvu de la nourriture qui est nécessaire à cette racine. — Eh bien, mademoiselle, j'ai prévu qu'il arriverait ce désagrément-là contre notre sucre indigène. Voilà, mademoiselle, ce qu'il faut que vous fassiez : On ne fait nullement attention à une chose qui serait très-salutaire pour les terrains qui produisent les betteraves, que ce légume appauvrit singulièrement : je veux parler de l'eau de vaisselle qui sort des maisons bourgeoises, des cuisines des ministres et des maisons royales, vous pourriez avoir des hommes de confiance qui s'entendraient avec les garçons de cuisine de ces maisons-là, faire enlever ces eaux de vaisselle, les faire porter dans un endroit, et, à l'aide du charbon de terre, les faire réduire de moitié, puis, les faire transporter à votre campagne.

Rien qu'en sel marin, il entre l'un dans l'autre, par jour, dix livres de sel dans chaque ministères, et cette eau de vaisselle contient quantité d'autres sels, tels que dans la batterie de cuisine, l'argenterie, l'étain et beaucoup d'autres salaisons. Ces eaux-là, dit-je, étant réduites de moitié, et répandues sur un terrain, lui communiqueraient un engrais d'une part, et, d'une autre, détruiraient quantité d'insectes nuisibles à toutes productions.

J'ai vu à Loches (Indre et Loire) un cultivateur qui, après avoir semé son blé sur un terrain, y avoir répandu du sel marin, et fait promener la herse dessus, a remarqué que son blé était mieux nourri qu'à l'ordinaire, et qu'il en avait obtenu une plus grande quantité. Enfin, mademoiselle, étant au château de Bonnœuil, je vois que le jardinier allait détruire un petit oranger qui était dans une caisse : cet oranger était à peu près comme ceux qu'ont nos savetiers sur leur croisée, et près de la goutière. Je dis au jardinier : Qu'allez-vous faire de cet oranger? Il me répond : Je vais le mettre au feu, car, depuis qu'il est ici, il n'a rapporté aucune fleur, et, par sa vieillesse, il est presque sec. — Enfin, j'ai pris cet oranger, sous ma protection, je l'ai entouré de terre neuve, j'ai mis dessus du terreau, je l'ai arrosé deux fois par semaine avec de l'eau de silindre, et le printemps d'après il était bien fourni en feuilles, et ses tiges portaient onze fleurs. Madame la comtesse BEUGNOT en a été toute étonnée.

Voilà, mademoiselle, ce que ces eaux peuvent faire en

bonifiant les terrains. Je vous engage à ne pas perdre cela de vue.

—

MANIÈRE DE FAIRE UNE MATELOTTE NORMANDE.

Monsieur, vous savez que notre campagne est en Normandie, ma maîtresse voudrait que je lui serve aujourd'hui une sole normande. — Eh bien, mademoiselle, coupez des croûtons, en vous servant de la croûte du dessus d'un pain; coupez-les en cœur, larges comme la moitié de votre main et épaisses comme votre doigt; passez-les au beurre et qu'ils aient une couleur jaune; ensuite, dans la même casserole, passez, dans du beurre, une trentaine de petits oignons que vous aurez épluchés, et que ces oignons soient colorés d'une teinte jaune, puis, égoutez-les dans une assiette; ensuite, ayez un barbillon et une anguille que vous couperez par tronçons; mettez-les dans cette même casserole et joignez-y deux bouteilles de vin de Bourgogne, rouge ou blanc; ajoutez-y un peu de persil en branches, deux oignons coupés en lame, une feuille de laurier, un peu de thym, deux clous de girofle et un peu de sel. Lorsque ce poisson sera à moitié cuit, joignez-y une carpe laitée et une œuvée; faites cuire ce poisson à grand feu et pas long-temps; ensuite, versez ce ragoût dans une terrine; faites un roux dans cette même casserole, passez le court bouillon de ce poisson et mouillez votre roux avec; délayez-le sans grumelots. Lorsque cette sauce sera en ébullition, mettez-y une jointée de champignons lavés et épluchés; faites que cette sauce soit d'une épaisseur légère et, lorsque cette sauce sera réduite à son point, joignez-y un anchois que vous aurez pilé avec un peu de beurre; ensuite, vous prendrez une sole que vous ferez frire; mettez-la sur un grand plat long, et entourez-la de vos tronçons de poissons que vous aurez tenus chauds, en y joignant les œufs et les lactances, ainsi que vos croûtons; goûtez votre sauce, si elle est d'un bon sel et versez-la sur cette garniture, sans mettre de sauce sur votre sole; ajoutez-y quelques écrevisses, et servez-la bien chaude.

NOTA. Le vin de Bourgogne ordinaire est le meilleur pour les matelottes. J'ai travaillé, un jour chez M. COLOT, qui était directeur de la Monnaie. Le cuisinier s'était servi de vin de Madère pour une matelotte : je n'ai jamais goûté rien d'aussi mauvais ; et j'ai la certitude que la matelotte, faite comme je la décris, est la meilleure; surtout ne craignez pas de mettre de l'épaisseur à vos croûtons ; c'est par-là, que la plupart des cuisinières pèchent.

MANIÈRE DE FAIRE UNE SAUCE ALLEMANDE MAIGRE.

Monsieur, ma maîtresse observant religieusement les jours d'abstinence, obligatoires dans l'année, je voudrais savoir faire une sauce allemande maigre. — Mademoiselle, vous prendrez quatre petites carpettes et un barbillon, ou tout autre poisson commun, soit de mer ou d'eau douce. Après avoir vidé et lavé votre poisson, vous vous en servirez ainsi qu'il suit : d'abord, vous ferez un consommé de légumes, tels que carottes, oignons, panets, poireaux et haricots blancs ; n'y mettez pas de légumes qui puissent donner de la couleur à votre consommé et salez un peu. Lorsque votre consommé sera cuit et passé au tamis, vous mettrez votre poisson dans une casserole assez grande et, en y ajoutant votre consommé, vous y joindrez un litre de vin blanc, une feuille de laurier, un peu de thym et une jointée de parure de champignons. Vous ferez bouillir cela pendant une demi-heure et le passerez au tamis au-dessus d'une terrine ; ensuite, vous ferez un roux blanc et vous le détremperez avec votre consommé ; faites-lui subir trois ou quatre bouillons ; écumez-le et dégraissez-le pour vous en servir et saucer vos entrées maigres. Quant au poisson qui vous a servi à faire la sauce, épluchez-le et mettez sa chair dans un saladier et servez-la sur la table de votre office.

MANIÈRE DE FAIRE LA PATE DE COINGS.

Monsieur, le médecin de ma maîtresse, lui a ordonné de faire usages de la pâte de coings, il a remarqué que ma maîtresse avait l'estomac un peu faible, c'est pourquoi, il lui a assigné la pâte de ce fruit. Eh bien, mademoiselle, coupez en quatre douze coings, plurez-les et ôtez les cœurs, faites-les cuirs dans de l'eau, un peu long-temps, lorsqu'ils seront en marmelade, passez-les au travers d'un tamis de crin, avec force, à l'aide d'une cuillère de bois, ensuite, si vous avez trois livres de pulpe, pilez trois livres de sucre et mettez ces deux choses dans une bassine et cette bassine sur le feu, faites réduire votre pâte en la tournant avec une cuillère de bois, jusqu'à ce que vous voyez le fond de la bassine, ensuite, versez votre pâte sur un grand plat en donnant a votre pâte peu d'épaisseur, ensuite, faites-la sécher au four d'une chaleur douce pendant quatre jours, après, vous couperez par tablettes votre pâte, vous les mettrez dans une boîte, au sec, et vous vous en servirez.

Lorsque votre maîtresse fera usage de cette pâte de coing tous les jours vous lui ferez boire, deux verres de sirop de mou de veau par jour; la pâte de coing est très-échaufante et le sirop de mou de veau sera très-salutaire.

Je dois la manière de faire ces sirops à M. SALMANE, cet honorable médecin y a mis toute sa complaisance; de même que M. ASSALINI, médecin du prince Eugène, qui m'a communiqué la recette de la pâte de guimauve. C'est ainsi que j'ai tiré la plupart de mes instructions; je vous prie mademoiselle, de les accepter avec toute la confiance que j'espère vous inspirer.

MANIÈRE DE FAIRE LA LIQUEUR DE VESPÉTRO.

Monsieur, je voudrais faire la liqueur de Vespétro. — Mademoiselle, mettez trois litres d'eau-de-vie à dix-sept degrés dans une cruche, ajoutez-y deux gros d'angélique (graine), deux gros de graines de carvi, deux gros de graines de coriante, deux gros de graines de fenouille, le zeste d'un citron, le zeste d'une orange ; bouchez bien la cruche, et remuez-la une fois par jour, pendant quinze jours. Après cela, mettez trois livres de sucre dans un poêlon, et faites-le fondre avec un verre d'eau. Joignez-le dans votre infusion, et mêlez bien le tout ensemble ; puis, passez votre vespétro au travers d'un philtre et, après, vous le mettrez dans des demi-bouteilles que vous boucherez, et mettez-les dans une armoire. Toutes ces liqueurs-là gagnent beaucoup à être gardées. Cette manière de faire le vespétro n'est pas vulgaire, c'est un tonique. Le vespétro convient aux estomacs paresseux, dans la digestion ; il regaillardit les esprits et fait sortir les idées aux personnes de cabinet.

—

MANIÈRE DE FAIRE LA LIQUEUR DE PARFAIT AMOUR.

Mettez trois litres d'eau-de-vie à dix-sept degrés, ajoutez-y le zeste de trois citrons, deux gros de canelle en poudre, deux onces de coriandre, que vous écraserez ; laissez infuser cela pendant quinze jours en agitant la cruche une fois par jour. Après cela, mettez trois livres de sucre dans un poêlon, faites-le fondre avec un verre d'eau ; mêlez-le avec votre infusion ; passez votre liqueur au travers d'un filtre et colorez votre parfait amour avec la couleur suivante : il faut que cette liqueur soit d'un beau rose foncé. Mettez votre liqueur dans des demi bouteilles et, après les avoir bouchées, mettez-les dans une armoire. Quinze jours après, servez-vous-en.

—

MANIÈRE DE FAIRE LE CARMIN POUR COLORER LE PARFAIT AMOUR.

Mettez un gros de cochenille en poudre, un gros de crême de tartre, un demi-gros d'alun en poudre dans une casserole; faites bouillir le tout dans un verre d'eau, pendant cinq minutes, passez-le et servez-vous-en.

AVIS
AUX GOUVERNEMENS DU NORD,
et diverses réflexions.

Depuis que Napoléon et le choléra nous ont quittés, les populations, et surtout en France, ont considérablement augmentées. Il est donc de l'intérêt de tous de tirer un parti avantageux de ce que la terre nous procure. Je veux parler des bois : sur le peu de chemin que nous avons parcouru jusqu'à Moscou, nous avons traversé des déserts bien boisés et nous avons remarqué que les arbres, tous superbes, tombaient de vieillesse. Je crois que le gouvernement de ce pays pourrait, s'il le voulait, tirer un grand profit de ces bois oisifs, en utilisant tous les bras qui végètent dans ces contrées. En procurant de l'intérêt aux habitans, il leur procurerait aussi de l'industrie, en établissant des traineaux tirés par la vapeur, jusqu'au bord de la mer. Nous recevrions, en France, l'immense quantité de bois qu'il y a de trop en Sibérie, dans le Caucase et dans la Norwège. Tous ces beaux bois sont supérieurs aux nôtres, par leur qualité. Il n'y a que ceux de Turquie qui ne sont point cités ; seulement, le buis de ce pays est considéré ; il est bien ligneux et convient aux tourneurs et aux graveurs sur bois. En France, toutes nos forêts et notamment celles particulières, se rétrécissent chaque année, on peut dire malheureusement. Ce peu de mots doit suffire pour expliquer la bonne réception que recevraient, en France, les bois étrangers. Pour cela, il ne faut que de la bonne volonté.

De la Religion et des Mœurs.

Mademoiselle, la majesté sainte de la religion chrétienne est pour ses enfans un de leurs premiers besoins ; la religion éclaire l'esprit et rend le cœur vertueux ; bien observée, elle donne à l'homme une tranquillité bienfaisante, le soutient dans le péril et lui donne de la force pour soutenir ses malheurs.

Si la religion vous suit dans un précipice, elle vous montre le chemin pour en sortir et vous indique un avenir plus heureux ; elle est remplie de consolations.

Qu'il ne sorte pas de votre idée, mademoiselle, que la vie est ingrate et que la mort est sévère.

La religion donne une force colossale aux gouvernements. Ayez foi, mademoiselle, aux indulgences du confessionnal, mais faites que votre âme soit sans reproche, et vous ne ferez pas mal Visitez souvent le temple du Seigneur, assistez aux offices divins et vous serez toujours en bon chemin. Que les pasteurs du Seigneur soient vos guides; ne leur cachez rien; soyez sincère et timide.

Mademoiselle, je crois qu'il ne sera pas hors de propos de vous entretenir de la charité sainte, ce digne sentiment que Notre Seigneur a prêché, pour la première fois dans la petite ville de Dézize, depuis détruite, près le Caire. La nature nous invite à cette divine pratique : car, tour-à-tour, nous pouvons tomber dans la triste nécessité de réclamer de la société la nourriture et l'hospitalité. Nous avons, malheusement, derrière nous, des exemples frappans. Dans nos révolutions, des nobles fortunés ont été condamnés au plus triste exil, manquant de nourriture et de vêtemens.

Il y a aussi beaucoup de gens maladifs, des estropiés, des victimes d'incendie, des vieillards sans force, des orphelins. Heureusement pour la société, qu'il y a quantité de dames fortunées qui se vouent de cœur et d'âme à cette noble vertu. Madame la comtesse d'OSMONT, par exemple, a beaucoup de biens dans diverses localités, mais aussi elle a beaucoup de pauvres dans chacune de ces localités. La grande fortune que possèdent monsieur le comte et madame la comtesse d'OSMONT, est en de très bonnes mains ; ils sont justes et seraient fâchés de faire des malheureux. Madame la comtesse marche sur les traces de piété qu'avaient monsieur et madame DUTILLIÈRE. Monsieur DUTILLIÈRE a eu un homme d'affaires pendant quarante ans (il est mort au service de madame la comtesse), en qui il avait une confiance sans bornes. Cet homme, appelé M. Renard, avait le cœur vertueux.

Il est des vices, mademoiselle, qu'il est bon de vous signaler, afin de ne pas tomber dans ces coupables péchés. Quand Dieu fit l'homme et la femme, il les fit pour qu'ils trouvent ensemble une douce société, mais à mesure que cette société s'est accrue, il s'est glissé parmi elle de coupables passions, contre la volonté de Dieu. Des hommes habitent avec des hommes, des femmes habitent avec des femmes. Ces dégoûtantes manœuvres doivent irriter le genre humain ; les maux que font ces malfaiteurs sont immenses ; ils se marient pour couvrir leur honte et non pour cesser leur brutale passion. Les enfans qui naissent de ces grands pécheurs, s'ils ne continuent pas les vices de leur père ou mère, par les mauvais exemples, en possèdent souvent, sinon de moins coupables mais d'aussi blâmables. C'est pour cela, mademoiselle, qu'en parcourant le monde, il faut savoir choisir votre société.

Mademoiselle, de toutes les recettes que je vous ai données, je n'ai rien inventé, mais je les ai recueillies dans tous les pays et dans les nombreuses localités où j'ai séjourné.

D'abord, par mon âge de conscription, j'ai été secoué comme un polichinelle, sous divers gouvernemens. Etant dans le 19me régiment de chasseurs à cheval (j'y ai servi quatre ans), j'ai fait la guerre dans nos provinces insurgées. J'ai embarqué, avec ce régiment, pendant trois mois, dans la rade de Brest. Nous devions débarquer en Irlande. C'est dans ce bâtiment (le vaisseau à trois-ponts *le Républicain*) que j'ai vu la manière de prendre les rats. Mais nous avons débarqué pour aller, en toute hâte, à Quiberon. Enfin, la paix d'Amiens étant venue, l'envie de revoir Paris me poussa à déserter. Nous étions alors à Rennes. Lorsque la retraite du soir fut battue, j'embrassai mon cheval et me mis en route pour Paris (à travers champs). A cette époque de troubles, l'argent étant fort rare, je me trouvai sans le plus petit pécule. Je fus donc obligé de vivre, le long de ma route, comme les oiseaux, aux dépens de chacun. Heureusement, les arbres étaient porteurs de leurs fruits et ils contribuèrent à mon existence jusqu'à Paris. J'y travaillai peu de temps, car le premier consul me fit savoir, par un arrêté, que j'eusse à me présenter à l'état-major de la place ; là, on m'incorpora dans le 3me régiment de cuirassiers qui était à Compiègne, où j'allai le rejoindre. De là, nous allâmes à Saint-Germain-en-Laye, d'où nous venions, à Paris, de temps en temps, passer de belles revues. Il est inutile, mademoiselle, de vous en raconter plus long sur mes voyages ; sachez seulement que partout nous avons été heureux ; il n'y a que la Bérézina qui nous offrit le désastre le plus affreux.

Vous êtes beaucoup plus jeune que moi, mademoiselle : aussi, j'espère que vous ne m'oublierez pas dans vos prieres, au moins une fois par semaine.

MAXIMES.

Monsieur, nous allons partir pour la campagne. — Eh bien ! mademoiselle, je vous souhaite un bon voyage. — Mais, monsieur, ce n'est pas le tout. J'ai à vous remercier de vos instructions, et ma maîtresse qui les apprécie dans tout leur mérite, vous témoignera sa reconnaissance. — Mademoiselle, croyez que ce n'est pas l'intérêt qui m'a guidé. Je me trouverai heureux de vous avoir été utile et d'avoir été agréable à votre maîtresse qui, pour vous, mademoiselle, est un vaste champ de pâturage : je vous engage à le cultiver avec modération. Vous avez, dans votre personne, tout ce qu'il faut pour obtenir sa considération ; soyez active et prévenante envers elle, et votre bonheur est assuré. Ne vous arrêtez pas dans les recherches qui conviennent à votre état : on n'est jamais trop instruit. Pour faire une bonne maîtresse-d'hôtel et pour bien diriger l'intérieur d'une maison, il faut même entrer dans un grain de blé pour y combattre le charançon. Si vous n'êtes pas forcée de former un nœud conjugal, restez demoiselle, et vous ne ferez pas mal. Cependant, vous avez un devoir à remplir ; votre religion vous le commande : mariez-vous, mais mettez-y toutes les convenances. Avant d'abandonner votre main, soyez bien réfléchie, car un mauvais choix reste, comme une plaie, pour la vie. Consultez toutes les religions, elles sont toutes d'un bon conseil ; celle de Mahomet tient du barbaresque ; cependant, le fier musulman, la tête dans son turban, a fraternisé, en mil huit cent trente-huit, avec le saint père de l'Église catholique. Faites que votre âme soit toujours en état de paraître devant le juge céleste ; n'offensez pas Dieu, car c'est ce qu'il déteste ; il pardonne les péchés personnels, lorsqu'ils sont suivis d'un repentir certain, et nous présente sa main. Voyez sainte Madeleine, par exemple, ployer les deux genoux et entrer dans le temple ; ses péchés planaient sur son sexe, elle s'est soumise et elle a monté au ciel ; mais les péchés commis envers Dieu, il ne les pardonne pas. L'histoire des infâmes habitans de Sodome est connue. Le Seigneur les brûla, après les avoir frappés d'aveuglement.

Je prie le lecteur d'être indulgent pour mon style Lorsque j'étais chez monsieur DUTILLIÈRE, j'exerçais ma plume à conjuguer des verbes et je me préparais à l'éducation, quand il fallut endosser l'uniforme militaire.

FIN.

TABLE DES MATIÈRES.

FIN.

VAUGIRARD.
Imprimerie de J. DELACOUR, rue de Sèvres, 94.